MARION LANDWEHR, NADJA ECKERLE, DANIEL SCHOENEN

HERZSTÜCKE
IM SÜDSCHWARZWALD

BESONDERES ABSEITS DER
BEKANNTEN WEGE **ENTDECKEN**

BRUCKMANN

LIEBE LESERIN,
LIEBER LESER,

An den Schwarzwald habe ich definitiv mein Herz verloren. Und an den Süden ganz besonders, denn die liebliche Landschaft, die entspannte Lebensweise, die Bergseen, die hübsche Stadt Freiburg mit ihrem reichhaltigen kulturellen Angebot und nicht zuletzt der Feldberg als höchster Berg Baden-Württembergs – all das lädt zum Genießen, Entspannen und Entschleunigen ein. Und das Allerbeste: Der Südschwarzwald ist ein Ganzjahresziel! Neben Wandern, Baden, Radfahren und vielen weiteren Outdoor-Aktivitäten von Frühling bis Herbst bietet er als relativ schneesichere Region Wintervergnügen aller Art. Deshalb möchte ich Sie alle, Einheimische und neue Besucher, einladen, herzukommen und ebenfalls Ihr Herz zu verlieren …

Marion Kaltmann

IMMER
EINE SÜNDE WERT!

MEINE LIEBLINGSLÄDEN ZUM ESSEN, TRINKEN UND EINKAUFEN

01 GOURMET IM CHALET: BURGERVARIATIONEN

Die Lust am gebratenen Hackfleisch zwischen zwei Brötchenhälften ist weltweit groß. Im Freiburger »Bermudadreieck« können Sie mit gutem Gewissen der Lust am Burger frönen, denn im Burger Chalet geht es nicht um Fastfood, sondern um Sternegastronomie vom Feinsten.

Die Saucen sind selbst gemacht, das Burgerfleisch selbst gewolft und abgedreht. Alles frisch vom badischen Jungbullen. Statt einer Tiefkühlscheibe wird knusprig frisches, regionales Rindfleisch serviert, auf Wunsch gebraten, wie Sie es am liebsten mögen. Torsten Wagner empfiehlt medium, und der Koch weiß, wovon er redet, er hat in der Traube Tonbach in Baiersbronn das Handwerk gelernt. Edler geht es fast nicht in Deutschland. Man merkt die Liebe zum Detail, die er und seine Lebensgefährtin Sophie Zipse in die Karte gesteckt haben: Fairfood statt Fastfood, die Zutaten kommen aus der Region, sind frisch und die Brötchen schmecken nach Brötchen. Es knuspert beim Reinbeißen – kein Wunder, werden sie doch jeden morgen frisch nach eigener Rezeptur gebacken.

 Der Chef kocht auch für das Teatro Colombino: Dort können Sie im Spiegelpalast eine Show sehen und vier Gänge speisen. Burger gibt es hier allerdings keine.

Der Rest ist leckere Qual der Wahl. Einen »Gipfelluft Burger« mit frischer Avocado, Pesto und Ingwermayonnaise? Oder einen »Alpenfeuer Burger« mit Chili-Käsesauce, Cheddar, Jalapenos und frisch gemahlenem Chilipulver? Oder vielleicht doch lieber die fleischlose Variante: »Bodenschatz Burger« mit gebratenen Champignons, Cheddar, Pesto und Trüffelmayonnaise? Dazu Rosmarinkartoffeln oder Pommes und eine Bionade. Was im Burger Chalet aber definitiv nicht geht, ist, den Burger in die Hand nehmen und reinbeißen, dazu ist viel zu viel Belag drauf. Messer und Gabel sind angesagt, was der Lust am Burger keinen Abbruch tut. Drängen Sie den Gedanken an labbrige Big Macs ganz weit nach hinten und genießen Sie in dem kleinen Laden hinter dem KG III der Uni Freiburg. Um gemütlich zu sitzen ist das Burger Chalet eher nichts, wohl aber um lecker und qualitativ hochwertig zu essen.

Burger Chalet · Mo–Sa 12–21 Uhr · Niemensstraße 9 · 79098 Freiburg
Tel. 0761/278382 · Haltestelle: Holzmarkt, Stadtbahn S2, S3

ADD ONs
GLUTEN- & LACTOSEFREIE
BURGER
CHALET
ALPENFEUER
BERGAUFSTIEG
TALSTATION
RAUCHGLUT
BODENSCHATZ
GIPFELLUFT
"Chalet" online
Facebook: "Burger Chalet"
App-Store: "BurgerChalet"

burger chalet
Burgers
Cheeseburger
Double Cheeseburger
Alpenfeuer
Bergaufstieg
Talstation
Rauchglut
Bodenschatz
Gipfelluft
Sides
Chips / Fries
Chili Cheese Fries
Salad
Drinks

DAS SKAJO
AUF DER KAJO

Haben Sie schon einmal in der Sky Lounge des Savoy Hotel mit Blick auf den Kölner Dom an einem Aperol Spritz genippt? Dann kennen Sie das Gefühl, genau am richtigen Ort zu sein. Ein wenig kleiner, aber nicht weniger fein, ist das Skajo auf der KaJo. Freiburg kann es auch!

Über den Dächern von... Das hatte schon immer eine besondere Anziehungskraft, ob Nizza, Köln oder Breisgau. Das Besondere am Freiburger Stadtblick: Er bietet eine traumhaft schöne Aussicht auf das Münster, dahinter zieht Schwarzwaldgrün über die Hügel, die Dächer der Altstadt leuchten ockerrot. Ein unvergessliches Panorama.

Das Skajo auf der Kaiser-Joseph-Straße bietet diesen Blick. Es geht mit dem Aufzug nach oben in den fünften Stock, dort haben Sie die Wahl zwischen der Terrasse oder dem Restaurant mit Panoramafenstern. Ein überraschendes stilles Erlebnis nach dem hektischen Treiben auf der Freiburger Einkaufsstraße.

Drinnen entspannen gedeckte Brauntöne und stylishes Lounge-Ambiente. Die große Fensterfront erinnert an die Monkey Bar im 25hours Hotel Bikini Berlin am Tiergarten. Die hufeisenförmige Bar leuchtet verlockend. Auf der Karte finden sich Fleisch- und Fischgerichte, aber auch Vegetarisches. Wer hier einen Tisch bestellt, der ist nicht auf der Suche nach Traditionellem. Das Skajo ist modern und kulinarisch voller Überraschungen, die Crème brulée gibt es beispielsweise von der Rauchforelle mit Apfel-Meerrettich-Sorbet.

Ein idealer und trendiger Ort, um sich mit der Freundin auf einen Plausch und eine Runde Entspannung nach dem Shoppen zu verabreden, um neue interessante Bekanntschaften zu machen oder um sich mit dem Partner einfach mal was zu gönnen. So lecker die Küche auch ist, das Highlight ist die Terrasse mit dem Blick auf über 800 Jahre Stadtgeschichte, im Sommer mit einem Mango Spritz, einem Skajo rot oder einer alkoholfreien Variante, bis die Dunkelheit die Stadt zum Glühen bringt. Hoch oben über den Dächern kommt Freiburg so großstädtisch daher wie nirgendwo sonst.

SKAJO · Mo–Do 11–22, Fr, Sa 11–24, April–Sept. So 13–21 Uhr
Kaiser-Joseph-Straße 192 · 79098 Freiburg · Tel. 07 61/20 25 12 40 · www.skajo.de
Haltestelle: Bertholdsbrunnen, Stadtbahn S1, S2, S3, S4

03 BIERGARTENCRAWL VON A BIS ...

Die Lust, Essen und Trinken an der frischen Luft zu genießen, ist im sonnigen Süden ganz besonders ausgeprägt. Wenn Sie nicht aus Freiburg rausfahren wollen, um in einer »Straußi« Wurstsalat, »Brägele« und ein herbes Bier oder einen frischen Wein zu »schlotze«, finden Sie genug Biergärten in der Innenstadt.

Der Vorteil, den die Innenstadtbiergärten gegenüber den »Straußen« auf dem Land haben, ist nicht zu unterschätzen: Sie müssen nicht mit dem Auto fahren, sondern können alle zu Fuß oder mit der Straßenbahn erreichen. Zu zweit ist ein »crawl«, also eine Biergartentour, nett, in der Gruppe ist es netter. Aber wo anfangen? Am besten bei A und dann im Alphabet weitermachen und schauen, bei welchem Buchstaben Sie am Ende landen. Es bis Z an einem Tag schaffen zu wollen, wäre falscher Ehrgeiz.

Aller Anfang ist mexikanisch: Tequila im Aguila in der Sautierstraße. Stärken Sie sich dort mit marokkanischen Spezialitäten für die anstehende Tour. Die Holztische und Klappstühle im Biergarten der Eckkneipe bringen das gewünschte Flair. Weiter geht es im Bierbrunnen (das muss schon allein wegen des Namens sein) in der Elsässer Straße. Hier gibt's eine breite Auswahl an Frischem vom Fass und gute Qualität zu niedrigen Preisen.

Auf B folgt bekanntlich C wie Café Extrablatt in der Schreiberstraße am Dreisamufer. Ein Weißbier gegen den Durst und derweil der Dreisam beim Fließen zuschauen. Das Leben könnte nicht entspannter sein, während oben der Verkehr vorbeizieht, stört hier nichts den Blick auf den Fluss.

D ist das Dattler, das Schlossrestaurant und Wahrzeichen aller Freiburger Biergärten, denn die Lage auf dem kleinen Freiburger Hausberg ist einfach traumhaft. Wer es touristisch mag, der fährt mit der Bahn nach oben, wenn Sie sich jedoch noch fit fühlen, laufen Sie.

Am Ende steht Z wie Zähringer Burg. Das Waldrestaurant liegt ein Stück von der Endhaltestelle der Stadtbahnlinie 2 entfernt, für den Fußweg entschädigen schön angelegte Terrassen. Fragen Sie im Restaurant Zähringer Burg nach dem riesigen Schlüssel zum Burgturm und laufen Sie die fünf Minuten zum Turm. Die Aussicht von oben sollten Sie nicht verpassen.

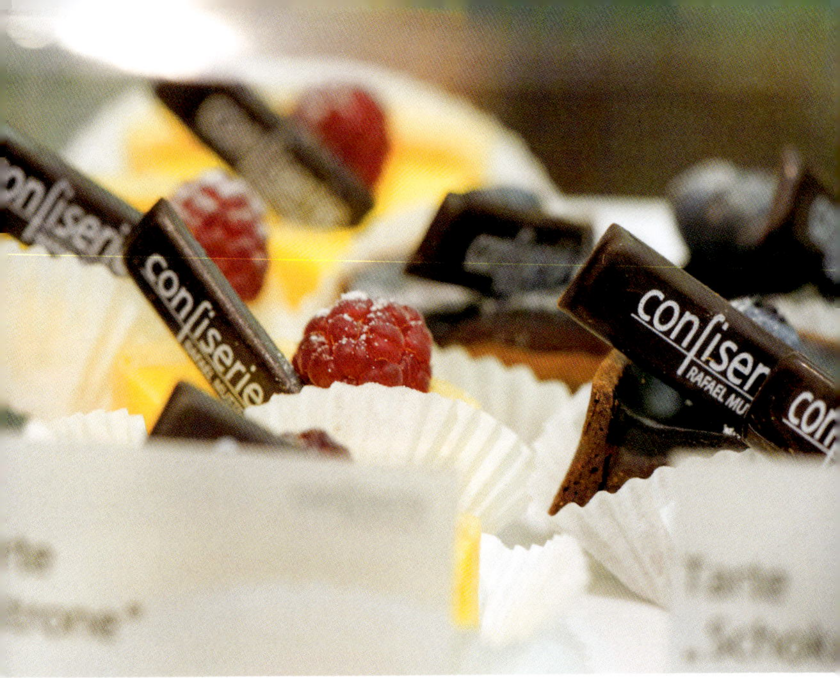
confiserie

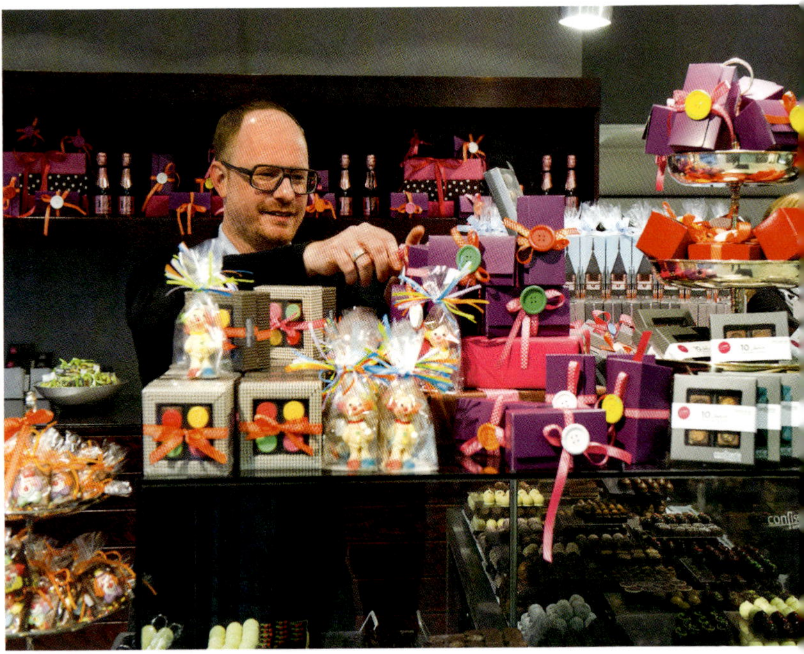

SÜSSE TRÄUME VON RAFAEL MUTTER

Sie ist nicht ganz so romantisch wie der kleine Schokoladenladen von Vianne Rocher im Film »Chocolat«. Die Confiserie Rafael Mutter kommt eher klar und modern daher. Die Kunst liegt hier im köstlichen Detail, der Schokolade in ihrer überwältigend leckeren Vielfalt.

Über 60 verschiedene Schokoladen in allen Farben und Formen – fast wie von einem süßen Schwindel erfasst, versucht man, die eigene Lust zu ergründen: weiß mit Nüssen, Edelrahm oder Zartbitter, sortenrein aus Cuba oder lieber Ecuador? Oder vielleicht heiß und flüssig? Die Trinkschokolade von Rafael Mutter ist eine Offenbarung. Vielfach ausgezeichnet, zählt die Confiserie zu den besten in Europa. Alle Produkte werden in Handarbeit in der eigenen Firma in Bad Säckingen hergestellt, ohne künstliche Aromen oder Konservierungsmittel. Von einer Pralinensorte werden jeweils nur zehn bis 20 Kilogramm hergestellt. Das reicht für eine Woche. Dann wird wieder frisch produziert: Champagnertrüffel, Schichtnougat und kleine Desserts zum Mitnehmen wie Rüebli-Four oder Cake Schokoknusper. Ein edles Vergnügen, dem früher in Europa nur Zaren und Könige frönten. Königliches geht noch immer, gerade an Weihnachten. Der Weihnachtsmann aus Grand-Cru-Edelschokolade wird mit einem Hauch Blattgold veredelt.

> Ohne Reue genießen. Eine Tafel von Rafael Mutters Schokolade hat rund 550 Kalorien. Die hat man nach zwei Stunden intensiven Shoppings in der Gerberau aber wieder komplett verbraucht.

Doch zurück zur Trinkschokolade. Die gibt es wahlweise pur oder verfeinert mit Orange, Minze, Ingwer oder Chili. Der Rest der Trinkschokoladenkarte verspricht eine Weltreise des süßen Geschmacks – nach Madagaskar, Venezuela oder Saint-Domingue. Erstaunlich und unfassbar lecker, wie unterschiedlich Schokolade in heißer Milch schmecken kann. Sie wird Ihnen in schlichtem Porzellan, mit einem Glas Wasser und einem »Probiererle« serviert. Von wohligem Glücksgefühl durchströmt, können Sie das Angebot studieren und selbst die ausliegenden Schokoladentafeln als (optischen) Genuss empfinden.

Confiserie Rafael Mutter · Mo–Sa 10–18 Uhr · Gerberau 5 · 79098 Freiburg · Tel. 07 61/2 92 71 41
www.confiserie-rafael-mutter.de · Haltestelle: Bertholdsbrunnen, Stadtbahn S1, S2, S3, S4

05 DIE FREIBURGER SEELE IST OBERSCHWÄBISCH

Die Freiburger Seele ist außen knusprig und innen duftig luftig. Sie wird mit Salz und Kümmel bestreut – eine Art Baguette aus herzhaftem Dinkelteig. Das Schockierende aber ist: Das vermeintliche Freiburger Urgebäck ist überhaupt nicht badisch, es ist oberschwäbisch.

Da glauben nun die meisten Freiburger »die Seele, des isch typisch Freiburg« und liegen in ihrem Seelen-Glauben doch gänzlich daneben. Der Seele Ursprung liegt irgendwo östlich von Stuttgart und damit in dem Landesteil Baden-Württembergs, der den meisten Badenern gar nicht so lieb ist. Die Freiburger Seele ist schwäbisch, das tut dem Freiburger natürlich in der Seele weh. Deshalb hat er die Seele inzwischen eingemeindet.

In der Wiehre ist einer der besten Bäcker der Stadt am Werk. Alexander Bühler hat die Bäckerei 1991 von seinen Eltern übernommen, der kleine Betrieb ist seit 1912 fest in Familienhand. Klasse statt Masse ist hier das Konzept. Es wird noch von Hand gebacken, und das schmeckt man auch. Seelen gibt es täglich frisch, Sie sollten nur nicht bis nachmittags warten, um vorbeizuschauen, da sind die begehrten Seelen oft schon ausverkauft. Falls Sie doch zu spät kommen, können Sie aber auf andere köstliche Dinge, etwa die herrlich saftigen Speckkringel aus Laugenteig, ausweichen.

Was an der Seele besonders ist, weiß man in der Bäckerei Bühler ganz genau. Ein Gemisch aus Dinkelmehl, Wasser, Zucker und Hefe bildet den Vorteig, der über Nacht ruhen muss. Den Teig dann mit Weizenmehl ausrollen, mit Wasser bestreichen, Kümmel und Meersalz drauf, und ab in den Ofen. Weil der Vorteig über Nacht geruht hat, kann sich die Seele am Tag darauf auch voll entfalten. Am besten passt ein herzhafter Belag auf die Seele: Bauernkäse oder Schwarzwälder Schinken. Manche schwören auch auf eine würzig-süße Kombination wie Camembert und Marmelade.

Sollten Sie sich fragen, warum das Gebäck so heißt, wie es heißt, finden Sie verschiedene Erklärungen. Eine (die gängigste) ist: Ihren Namen hat die Seele, weil früher Brote als Kultgabe für die Toten (Seelen) dargebracht wurden.

Bäckerei Bühler · Mo–Fr 6.30–18 Uhr · Zasiusstraße 9 · 79102 Freiburg
Tel. 07 61/7 39 37 · Haltestelle: Johanneskirche, Stadtbahn S2, S3

Bühler
ab 12^{00} gibt es Quiche mit Spinat, Gorgonzola u. Ingwer
leckere Bienenstich mit Haus-gemachter Vanillecreme
Mohn-Kuchen

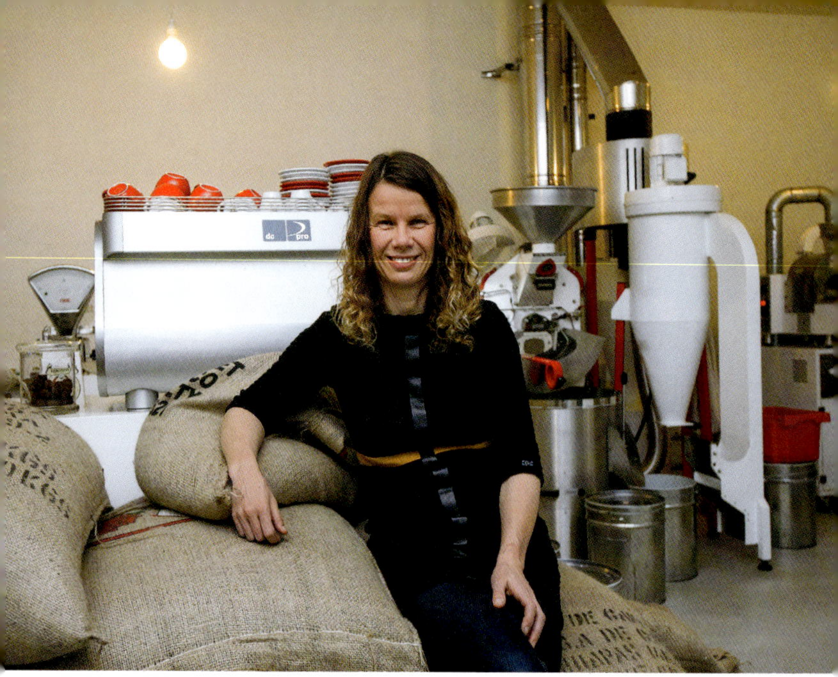

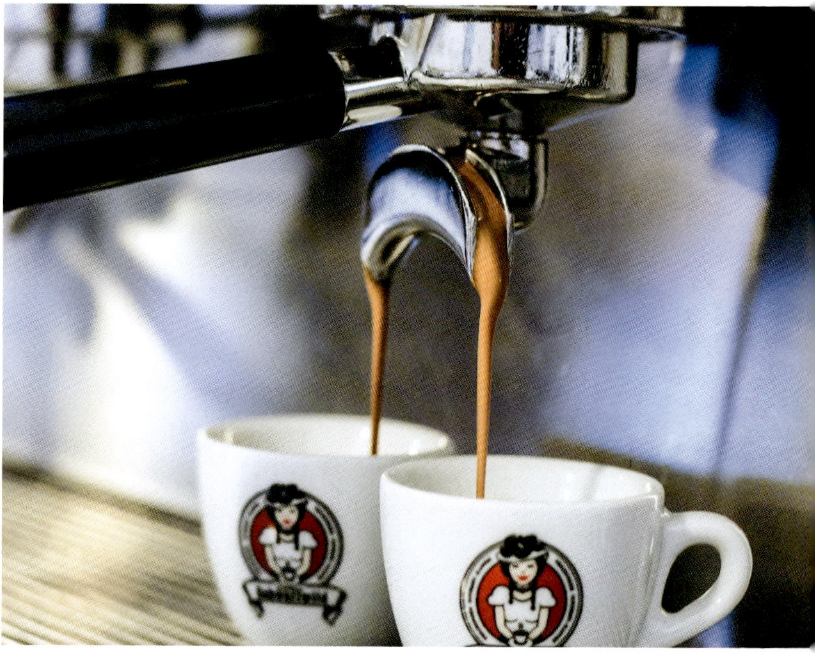

DUFT DER WEITEN WELT: RÖSTEREI SCHWARZWILD

Schlicht und minimalistisch kommt die Kaffeerösterei Schwarzwild daher. Schon der Hof duftet nach den edlen Bohnen. Treten Sie ein, werden Sie vom Aroma schier überwältigt. Nun stehen Sie vor der Wahl der Nuance: ein wenig Schokolade, Nougat oder doch lieber Cognac? Kaffee ist hier mehr als einfach nur Kaffee.

Versteckt in dem flachen, gelben Gebäude in einem Hinterhof der Kartäuserstraße, strahlt die Rösterei in luftigem Weiß: eine Probierbar, eine Verkaufstheke, ein paar Regale und ein paar Säcke mit Kaffeebohnen. Sie sollten sich das Vergnügen dieses Aroma-Erlebnisses nicht entgehen lassen. Wenn Sie dafür keine Zeit haben, können Sie den Kaffee online bestellen. Die Sorten im Angebot können bis zur Plantage zurückverfolgt werden: Indien, Äthiopien, Brasilien, Mexiko, man riecht die weite Welt in der Rösterei

> Wenn Sie tiefer in das Thema Kaffee einsteigen wollen: Andrea Jauch gibt auch Barista-Kurse. Früh anmelden, die Kurse sind schneller ausgebucht als die Espressi ausgetrunken.

Schwarzwild. Das Sortiment ist groß, und die Wahl fällt schwer, aber die Beratung ist der halbe Spaß. Und das Probieren das schlichte Glück.

Besitzerin Andrea Jauch hat die Liebe zum Kaffeerösten in Norwegen entdeckt: zufällig, in Oslo, bei der Kaffeeikone Tim Wendelboe. In einem Berufszweig, in dem es nur wenige Frauen gibt, hat sie es bis nach ganz oben geschafft. Das Fachmagazin »Crema« kürte sie bereits zum Röster des Jahres. Man merkt ihr die Leidenschaft für ihren Kaffee an, und man beneidet sie auch ein wenig um den duftenden Arbeitsplatz, während sie einen Cappuccino mit perfekter Milchschaumkrone serviert oder die Kundschaft beim Bohnenkauf berät. Währenddessen rösten die Maschinen mit einem gleichförmigen Knirschen Kaffeebohnen aus aller Welt. Das Logo, die wilde Hilde mit Bollenhut, kommt frech daher, der Laden stylish und Andrea Jauch dynamisch. Im Angebot sind sortenreine Espressi und exklusive Mischungen. Montag ist Rösttag und geschlossen. Den Rest der Woche können Sie kaufen und genießen.

Schwarzwild Rösterei · Di–Fr 11–18.30, Sa 10–14 Uhr · Kartäuserstraße 60 · 79102 Freiburg
Tel. 07 61/29 08 88 05 · www.roesterei-schwarzwild.de · Haltestelle: Schwabentorbrücke, Stadtbahn S1

07 TAGEINS – ALLES NUR KEIN MONTAG

Manchmal ist es an der Zeit, die Selbstverständlichkeiten des Lebens zu hinterfragen und sich gegebenenfalls neu zu sortieren. Wenn Ihre Woche mit Montagen beginnt, gehören Sie zum Establishment, sind retro und nicht oft im Freiburger Osten unterwegs, denn hier beginnt die Woche leidenschaftlich, tanzend und mitten im Grünen.

Wenn Sie Ihre Woche aber mit dem tageins beginnen, dürften Sie im Waldsee bestens aufgehoben sein. Montage im Waldsee sind so gänzlich anders als normale schnöde Wochenanfänge. Hier ist nicht Montag, hier ist tageins, und Owald & Ernesto machen ihn in der Cocktaillounge zu einem Fest. Einem, das immer anders ist. Montags ist Clubnacht, und Sie können in die Woche tanzen. Die Richtung ist klar, die beiden DJs legen elektronische Musik auf, aber die Ausrichtung ist immer mal wieder eine andere. House, Techno, Dub … alles fließt und tanzt. Dienstags gibt es im Waldsee Jazz ohne Stress, mittwochs move to groove. Alles mitten im Grünen, denn das Waldsee heißt nicht nur so, es liegt auch am Waldsee und ist ein grüner Fluchtpunkt im quirligen Freiburger Stadtleben. Entspannung hat hier Tradition seit 1894. Das Waldsee ist ein klassisches Ausflugslokal und tagsüber immer gut besucht. Montags ist das Restaurant allerdings geschlossen, an den anderen Tagen der Woche ist das Angebot auf der Karte sehr vielfältig und reicht von Salaten über Flammkuchen und Burger bis zu Fleisch- und Fischgerichten. Für die besonderen Bedürfnisse geht es auf Wunsch auch vegan und ohne Gluten oder Laktose.

Im Sommer chillen, tanzen, draußen unter dem romantischen Sternenhimmel schwelgen und die Gedanken übers Wasser schweifen lassen. In der Dämmerung können Sie vielleicht auch die ein oder andere Fledermaus zwischen den wuchtigen alten Eichen und den duftenden Rhododendren erspähen.

Wollen Sie auf dem See Ruder- und Tretbootfahren? Der Tretbootverleih Waldsee lässt die Herzen der Hobbykapitäne höher schlagen – allerdings nur während der Sommersaison.

Restaurant Waldsee · **tageins**, montags ab 22 Uhr · Waldseestraße 84 · 79117 Freiburg
Tel. 07 61/7 36 88 · www.waldsee-freiburg.de · Haltestelle: Musikhochschule, Stadtbahn S1

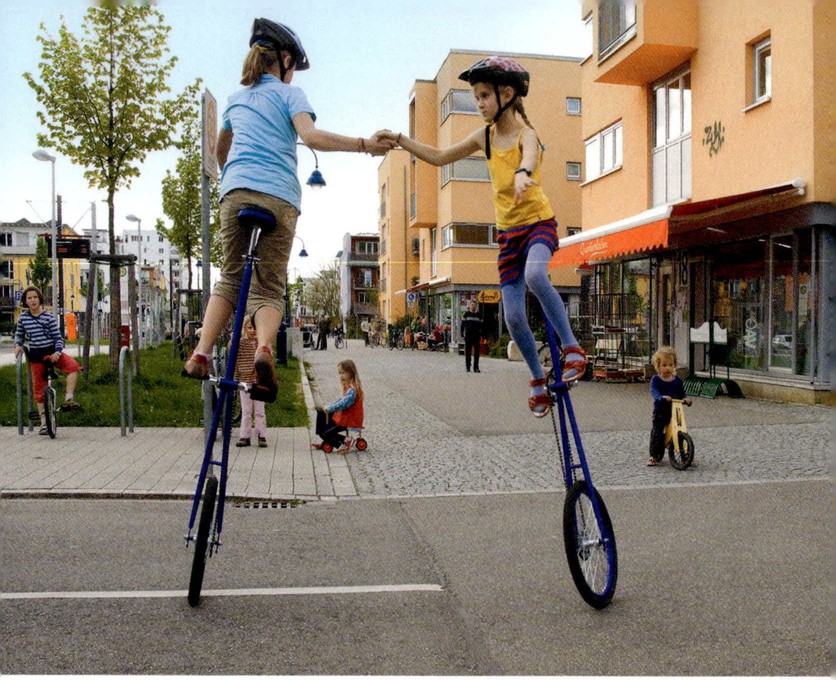

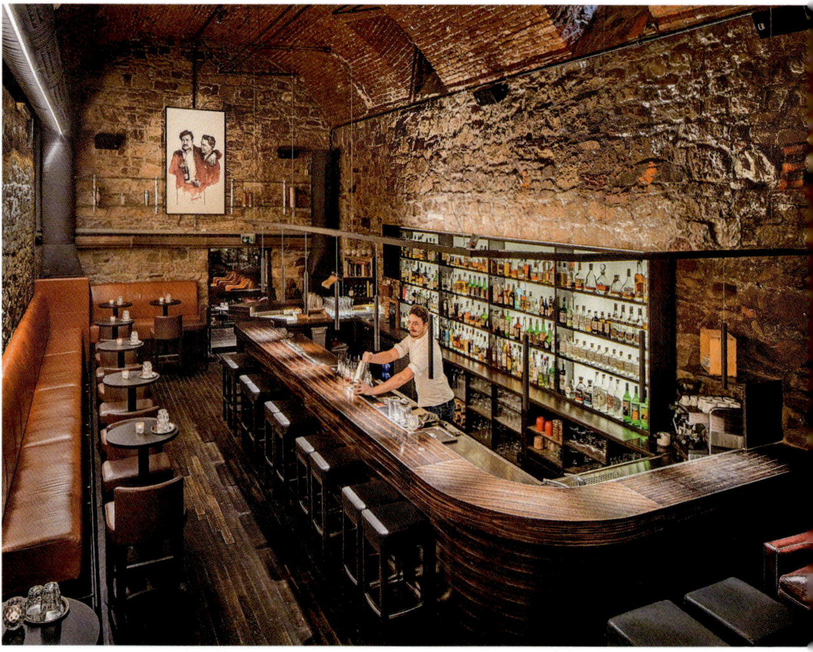

MILCH UND MÜSLI AUS DEM BUNTEN QUARTIER

08

Nirgendwo ist Freiburg freiburgerischer als im Vauban, der alternativen Siedlung im Süden der Stadt, wo ökologische und sozialpolitische Überzeugungen geliebt und gelebt werden. Das Konzept sieht eine Mischung von Arbeit und Wohnen vor, Fußgänger, Radfahrer und öffentliche Verkehrsmittel haben Vorrang, und soziale Gruppen sollen sich mischen. So gibt es Mehrgenerationenhäuser, und junge Menschen leben etwa mit Demenzkranken zusammen. Wohnen als soziales Anliegen. Aber in der bunten Welt voll Hängematten und spielender Kinder sind nicht nur die Menschen, sondern auch die Läden anders. Der Quartiersladen bietet eine Müslibar, Sojaprodukte, Bio-Wein, fairen Kaffee und Naturkosmetik.

Quartiersladen · Mo–Fr 8–19, Sa 8–14 Uhr · Vaubanallee 18 · 79100 Freiburg
Tel. 07 61/4 01 97 72 · www.quartiersladen.de · Haltestelle: Vauban Mitte, Stadtbahn S3

LUXUSTRINKEN IN DER HEMINGWAY BAR

09

Dem großen Ernest Hemingway hätte es hier sicher gefallen. Die Bar ist im historischen Gewölbekeller des Best Western Premier Hotel Victoria untergebracht, hat Stil und kann Ihnen einiges bieten. Es gibt zwar kein Großwild zu jagen und auch keine Hochseefische zu angeln, dafür aber jede Menge Drinks und exklusive Spirituosen. Klassische Cocktails oder moderne Kreationen – die Lust am Getränk kommt, sobald man die Bar betritt. Wie wäre es mit einem torfigen Whisky samt aromatischer Zigarre aus dem Humidor, der ausgesuchte Rauchwaren aus der Karibik und Südamerika bereithält? Wenn Sie die gewünschte Zigarre gefunden haben, können Sie sich in die Smokers Lounge begeben und in aller Ruhe genießen.

Der Gewölbekeller in der Eisenbahnstraße gehört zu den besten Bars in Deutschland. Wo ließe es sich besser in Hemingway-Zitaten schwelgen als hier?

Hemingway · tgl. 18–2 Uhr · Eisenbahnstraße 54 · 79098 Freiburg · Tel. 07 61/20 73 40
www.hotel-victoria.de/hemingway-bar.html · Haltestelle: Hauptbahnhof, Stadtbahn S1, S2, S3, S4

10 DAS CRASH: FREIBURGS UNDERGROUND

Freiburgs dunkle Seite ist seit den Achtzigern des vergangenen Jahrhunderts in einem Keller Im Grün zu Hause. Dort, wo in den wilden Jahren die Barrikaden brannten und sich die Hausbesetzer-Szene gegen das Establishment wehrte. Das Crash ist seit mehr als einer Generation eine Undergroundlegende. Wagen Sie sich hinein!

1985 brannte das autonome Zentrum in Freiburg. Die Stadt fürchtete weitere Hausbesetzungen und stellte schnell den Schnewlinkeller als Ersatz zur Verfügung. Eigentlich nur eine Übergangslösung, aber das Crash ist immer noch da und damals wie heute das Zuhause einer ganz unterschiedlichen Klientel. Hier ist Freiburg am härtesten.

Früher waren »unten« und »oben« streng getrennt, inzwischen hat man fusioniert. Oben befindet sich der Drifters Club, der dort seit den späten 1980ern elektronische Wellen durch den Äther presst. TECHNOOOO!! Hier wummern angesagte DJs. Ein »floor« down, und die Welt wird schwarz und düster, im Crash scheint nie das Tageslicht. Punk, Rock, Hardcore, Wave und Metal von den besten DJs der Szene, minimalistisches Ambiente und eine double bass am Rande der Erträglichkeit. Konzerte finden das ganze Jahr über statt. Das Programm gibt's im Internet.

Das Crash darf sich zu Recht seit Jahrzehnten der härteste Laden der Stadt nennen. Hier gibt es nur eine Farbe – schwarz, unterbrochen einzig von den grellen Lichtflashs des Stroboskops. Tanzen fühlt sich hier an wie ein Trip in die Untiefen der Musik, an Metal-Abenden werden Trash, Doom, Speed und Death gespielt. Neugierig geworden? Dann nichts wie hin!

Freiburg wäre nicht Freiburg, wenn es nicht auch im Underground noch sein Umweltbewusstsein pflegen würde. Schon in den späten 1980ern gab es hier Plastikbecher mit Pfand, lange bevor recycelt wurde. Weil die DJs im Crash viele Jahre lang in einem Käfig die Platten auflegten, liegt die Vermutung nahe, dass es auch einfach sicherer gewesen sein könnte, kein Glas auszugeben und dafür Bier in Bechern zu verkaufen.

Crash · Fr, Sa 22–5 Uhr · Schnewlinstraße 7 · 79098 Freiburg · Tel. 07 61/38 29 16
www.crash-freiburg.de · Haltestelle: Hauptbahnhof, Stadtbahn S1, S2, S3, S4, Faulerstraße Bus 11

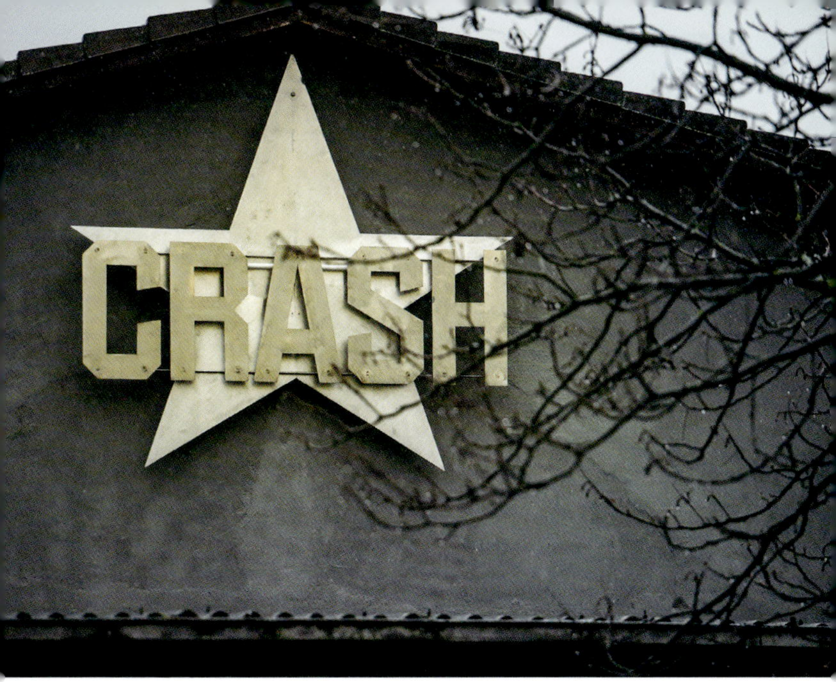
CRASH

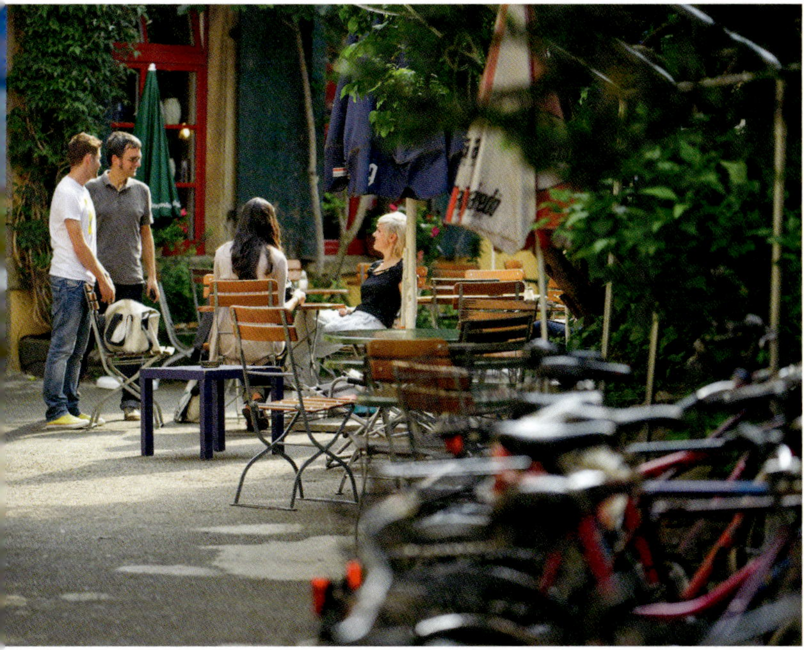

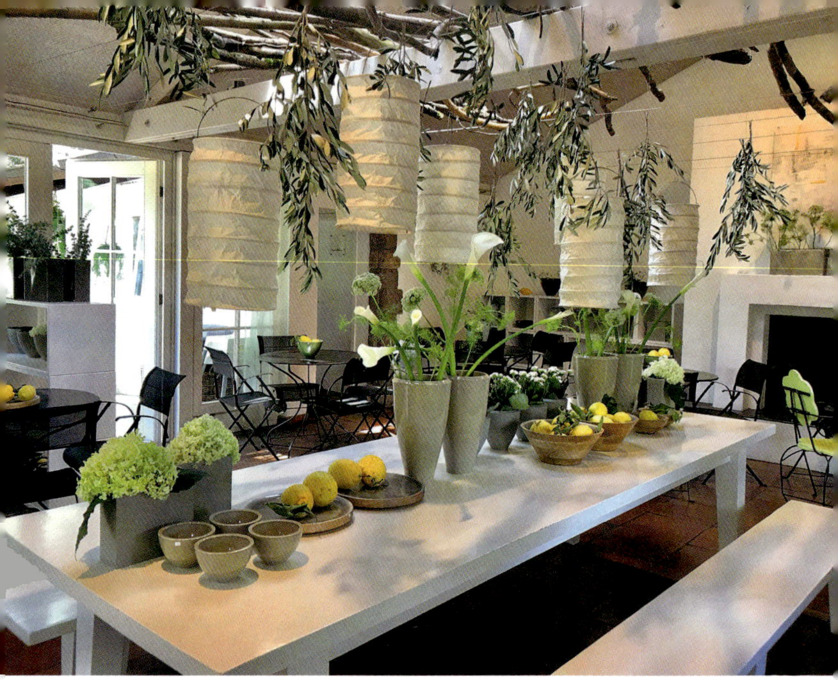

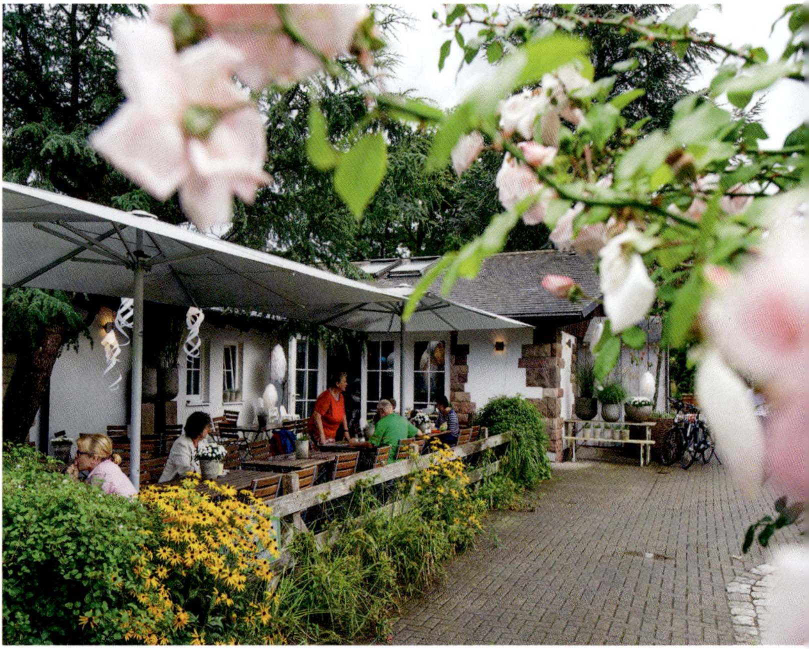

ROSENBLÜTENSEKT IN DER GÄRTNEREI

Einen kräftig duftenden Kaffee bekommen Sie in Freiburg fast überall. Leckere Kuchen oder Torten in schönem Ambiente auch. Aber ein Café, in dem Sie sich zu jeder Jahreszeit ganz den Düften der Natur hingeben können, das ist einzigartig und nur in Lehen zu finden.

Das Schönste am Blumencafé ist, dass Sie nie wissen, was für ein Blütenmeer Sie erwartet. Als Heidi Rammo-Vonderstraß es 1998 eröffnete, wollte sie damit der Baumschule ihrer Eltern ein besonderes Angebot hinzufügen. Seither ist das Café zum Magneten geworden.

Die gelernte Floristin dekoriert regelmäßig um, und während Sie den Kaffee genießen – dazu noch ein Stückchen von der leckeren Flockensahne vielleicht –, können Sie in aller Ruhe ihre Dekotipps aufsaugen, diese auch käuflich erwerben oder einfach Blumenideen für Geschenke sammeln. Da war doch die Taufe, bei der Sie dem Kind der Freundin einen Baum schenken wollten …

Inzwischen bietet das Blumencafé auch unter der Woche Frühstück an (alle Varianten haben Blumennamen, und »Margerite«, »Sonnenblume«, »Veilchen« oder »Vergissmeinnicht« schmecken schon dank des Namens noch viel frischer), und es ist, als hätte Freiburg nur darauf gewartet. Der Blick schweift vom Teller zu den blühenden Bäumen und Sträuchern, die die Luft rund um das Blumencafé mit ihrem Duft erfüllen.

An sonnigen Tagen (und die gibt es erfreulich oft in Freiburg) können Sie auch im Freien sitzen und den Blumenduft draußen genießen. Herrlich, das Gesicht in die Sonne zu halten und dem Gezwitscher der Vögel zu lauschen. Es ist ein Ort, an dem Sie ein Stückchen Lebensqualität entdecken, ganz unabhängig davon, ob Sie 20 oder 50 sind.

An trüben oder regnerischen Tagen lockt hingegen die klare, weiße Schlichtheit des Cafés, das trotz aller Blumendeko nie überladen wirkt und seine Gäste, wenn die Temperaturen sinken, mit einem offenen Kamin wärmt. Wo sonst können Sie in Rosen schwelgen und auf den Kauf mit einem Rosenblütensekt anstoßen? Passend zur Deko natürlich.

Blumencafé · Di–So, Feiertage 9–18 Uhr · Humbergweg 14a · 79111 Freiburg
Tel. 07 61/1 56 05 00 · www.blumencafe.de · Haltestelle: Mooseiher, Stadtbahn S1

12 TRÜFFEL, SCHNAPS UND ÖKOWEIN

Trüffel mitten in den badischen Weinbergen? Geht nicht? Doch, sagt Winzer Heinrich Gretzmeier aus Merdingen. Er ist nicht nur einer der ersten, der sein Wein- und Sektgut komplett auf öko umgestellt hat, er ist auch ein Pionier in Sachen Trüffel, dem es gelungen ist, den Edelpilz mitten in den Reben heimisch zu machen.

Eigentlich ist das seit 1986 bestehende Wein- und Sektgut Gretzmeier, das bereits zwei Jahre nach der Gründung auf Biobetrieb umstellte, für seine ökologisch produzierten Weine und Obstbrände bekannt. Aus den Trauben und verschiedensten Obstsorten, die am sonnenverwöhnten Tuniberg üppig gedeihen, entsteht Süffiges von höchster Bioqualität, das Sie beim Besuch des Weinguts und der Hausbrennerei, aber auch online erstehen können. Ganz neu im Sortiment ist ein dreifach destillierter milder Brandy.

Vor etlichen Jahren hatte der umtriebige Winzer eine neue Idee, die für die badische Region zunächst etwas ungewöhnlich anmutete: Er begann Trüffel am Tuniberg anzubauen. Trüffel, die man normalerweise eher in Frankreich oder Italien verortet, sind unterirdisch wachsende Schlauchpilze, von denen viele Arten allerdings nicht essbar sind. Gute, genießbare Trüffel bevorzugen, ebenso wie Wein, kalkhaltige Böden – ihr Anbau bildet sozusagen die perfekte Ergänzung zum Weinbau.

So sah das zumindest Winzer Gretzmeier, und der Erfolg gibt ihm recht, auch wenn zwischen den Anfangsversuchen und der ersten namhaften Trüffelernte mehrere Jahre lagen. Wenn Gretzmeier sich heute mit seinem Hund Alba – im Übrigen ein Exemplar der italienischen Rasse Lagotto Romagnolo, die in Italien traditionell zur Trüffelsuche eingesetzt wird – auf die Pirsch nach dem Edelpilz begibt, wird er meist fündig.

Sie können den Trüffel in der zum Weingut gehörenden Straußwirtschaft probieren – vorausgesetzt Hund Alba und Herrchen hatten Finderglück. Auch an Trüffelwanderungen mit Weinprobe können Sie teilnehmen.

Öko Wein- und Sektgut Gretzmeier · Straußwirtschaft Frühjahr und Herbst Mo–Fr ab 17, So ab 16 Uhr · Wolfshöhle 3 · 79291 Merdingen · Tel. 0 76 68/9 42 30 www.gretzmeier.de · Haltestelle: Merdingen Sonne, Bus 31 ab Paduaallee

Albert 191_

0.5 l

DER EDLE GEIST VON WOLFENWEILER

Edel brennt der Wolfenweiler, geistreich und gut. Die Meister des Destillats müssen sich keinesfalls hinter den Großen des Geschäfts verstecken. Ganz im Gegenteil. Wolfenweiler hat in den vergangenen Jahren einiges an Renommee dazugewonnen.

Das Besondere am badischen Schnaps ist seine Vielfalt. Von A wie Apfelbrand bis Z wie Ziebärtle (Wilde Pflaume) reicht das fruchtige Sortiment. Frank Küchlin vom Böttchehof am Batzenberg erhielt für seine edlen Brände schon viele Auszeichnungen, etwa den Goldenen Preis mit Höchstnote für sein Zwetschgenwasser. Seit über drei Jahrzehnten brennt er die leckersten Schnäpse. Und gibt sein Wissen weiter, sehr viel weiter. In Namibia brannte Küchlin vor etlichen Jahren Schnaps aus Affenorangen. Er war dorthin gereist, um Schnaps-Entwicklungshilfe zu leisten. Doch statt Tipps zu geben, musste er die Brennerei erst einmal aufbauen. Küchlin brachte alles zum Laufen und begann, aus einheimischen Früchten Schnaps zu brennen. Der Schnaps aus Affenorangen soll für die Touristen gebrannt werden, eine Einnahmequelle für strukturschwache Regionen. 2016 verschlug es ihn dann nach Singapur. Auch dort baute er eine Brennerei auf, die den ersten Gin des Landes produzierte.

Zu Hause im Süden von Freiburg brennt Küchlin rund 40 verschiedene Brände und Liköre, seit etlichen Jahren auch Whisky, Gin und Rum. »Der einzige Geschmacksverstärker, den es bei mir gibt, ist meine Leidenschaft«, sagt Küchlin und schenkt beste Brände aus Obst vom Batzenberg aus. Wenn Sie das Brennereihandwerk fasziniert, können Sie bei ihm in Schallstadt-Wolfenweiler das badische Schnapsdiplom machen. Frank Küchlin führt den Hof (Wohnhäuser, Schenke, Hof, Brennstube und Scheune) bereits in der zweiten Generation, mit modernen Ideen und Traditionsbewusstsein, die ideale Mischung für gute Qualität.

> Trester-Wurstessen: Immer freitags im Oktober werden auf dem Böttchehof im historischen Brennkessel Würste aus Traubentrester zubereitet. Ein einzigartiges Geschmackserlebnis.

Böttchehof · Schnapsverkauf Mo–Sa 9–12, 14–18 Uhr · Basler Straße 76a · 79227 Schallstadt Tel. 0 76 64/73 77 · www.boettchehof.de · Haltestelle: Schallstadt, S-Bahn S3, Bus 7240, RE und RB

14 SEILBAHN TRIFFT KULINARIK

Um auf Freiburgs Hausberg Schauinsland zu gelangen, können Sie wandern (anstrengend) oder mit der Seilbahn fahren (chillig). Und Sie können Seilbahn fahren und den Ausblick genießen (angenehm) oder Seilbahn fahren und dabei den Gaumen verwöhnen (sehr angenehm) – oder: Sie kombinieren beides miteinander!

Hoch genießen wird diese außergewöhnliche Kombi genannt, und das bedeutet konkret, dass Sie während der 20-minütigen Seilbahnfahrt, die Sie hinauf auf den Schauinsland führt, den Panoramablick mit leckeren Köstlichkeiten garniert genießen können. Und hier haben Sie sogar die Qual der Wahl: Soll es lieber regional und herzhaft sein? Dann könnte ein Vesper bestehend aus Schmalz-, Speck- und Käsebrötchen mit einem Freiburger Bier das Richtige sein. Oder sind Sie der Typ Naschkatze? Dann lassen Sie sich frische Hefezöpfe aller Art mit wahlweise einem Sekt oder einem antialkoholischen Getränk zur Seilbahnfahrt schmecken. Auch Edles kann gereicht werden, bestehend aus Canapés, einem Garnelenspieß und gefüllten Pfannkuchenröllchen, auch hierzu passt natürlich ein Gläschen Sekt ganz vorzüglich.

Buchbar sind die köstlichen Fahrten für alle, die Lust auf etwas Außergewöhnliches haben, ab einer Teilnehmerzahl von zwölf Personen. Es findet auf Wunsch eine individuelle Beratung statt – schließlich will es wohlüberlegt sein, welche Gaumenfreude man sich gönnt, während man dem Gipfel entgegengondelt. Die Freiburger bezeichnen den Schauinsland liebevoll als »Hausberg«, auch wenn die Talstation der Seilbahn immerhin rund zehn Kilometer von der Altstadt Freiburgs entfernt ist.

Übrigens endet der Genuss nicht an der Bergstation der Seilbahn. Dort nämlich können Sie sich sowohl an den Angeboten des Cafés und Restaurants Die Bergstation erfreuen, als auch am Blick über Freiburg und bis hin zu Vogesen und Alpen. Das ist auch von der Sonnenterrasse aus möglich, auf der bequeme Holzliegen zu einem entspannten Betrachten der Szenerie einladen.

Schwarzwald-Connection · Schwarzwaldstraße 43 · 79117 Freiburg · Tel. 07602/59 51 33
www.schauinslandbahn.de/hoch-geniessen/gastronomie/kulinarische-seilbahn
Haltestelle: Schauinslandbahn Talstation, Stadtbahn S2, Bus 21

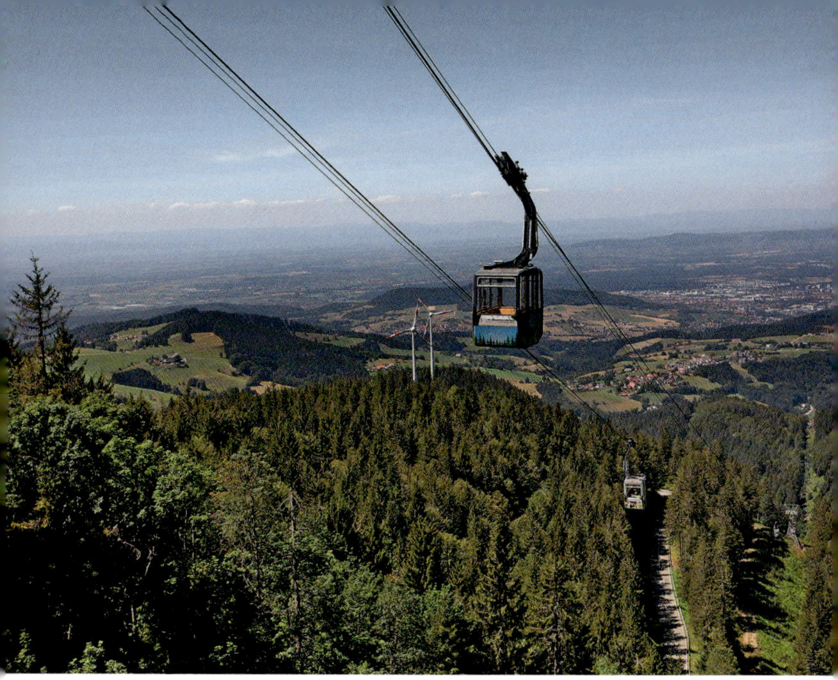

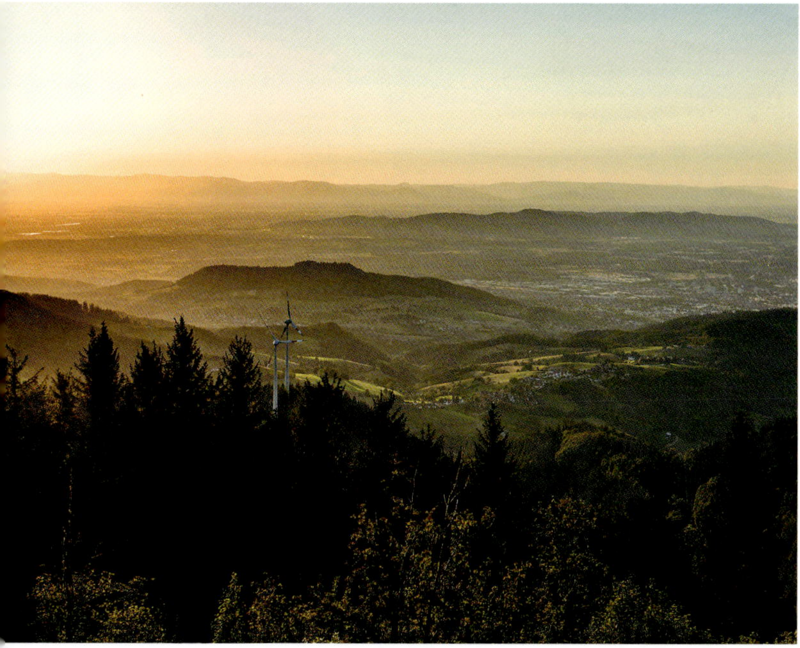

ALLES KÄSE IM SCHWARZWALD

15

Nichts ist so herrlich sinnlich wie eine Fahrt entlang der Käseroute. Von Münstertal aus geht es hinauf auf die klaren Höhen: Die bunten Sommerwiesen duften, vor den romantischen, über die Hügel verstreuten Schwarzwaldhöfen weiden gemütlich die Milchkühe, und in den Hofkäsereien locken würzige Bioprodukte.

Die Käseroute im Südschwarzwald ist gelebter Bio-Lifestyle, handgemacht, hausgemacht, frisch gemacht. Das Angebot an Käse ist so vielfältig wie die Höfe entlang der Strecke im Naturpark Südschwarzwald. Und jeder Hof hat anderen Käse im Angebot. Die einen streuen Wiesenblumen in den Käse, die anderen verpacken den Bibeleskäs frisch im Hofladen, die nächsten lassen ihren Bergkäse lange und liebevoll im Holzregal reifen.

Die Erzeuger bieten meist nicht nur Käse an, es gibt auch Führungen oder Kurse zur Herstellung des Milchprodukts sowie Honig, Marmelade, Schnäpse oder Likör zu kaufen. »Selbst erzeugt« ist die Geheimformel, die den Boom auslöste. Im Jahr 2000 haben sich einige Höfe der Region zur Käseroute zusammengeschlossen. Die über 60 000 Touristen im Jahr, die die Gegend besuchen, schauen gerne bei den Käsereien vorbei. Der regionale Käse hat Hochkonjunktur, und das nicht ohne Grund, denn man schmeckt die sonnigen Weiden des südlichen Schwarzwalds, die gute Luft, und man möchte schwören, dass die Kühe nirgendwo glücklicher sind.

Wenn Sie vom Münstertal aus in die Käseroute einsteigen, sollten Sie unbedingt im Romantik-Hotel Spielweg anfangen und den Molkenzieger, den milden Frischkäse aus Molke, probieren und dann weiter zum Glocknerhof fahren. Dort können Sie den herzhaften Räucherkäse mitnehmen, der hervorragend mit der dortigen Ziegensalami oder dem Schwarzwälder Schinken harmoniert. Weil die Erzeuger direkt ab Hof verkaufen und in der Regel nicht beliefern, können sie rentabel arbeiten. Den Kunden bleibt die Anfahrt, aber die ist auf der Käseroute Teil des Erlebnisses. Wer glaubt, es ist alles Käse im Schwarzwald, der hat auf jeden Fall so was von recht.

Die Käseroute · Informationen und Karte: www.naturpark-suedschwarzwald.de/essen-trinken/kaeseroute

16 ALTES HANDWERK GANZ NEU

Schuhmachereien sind selten geworden. Schuhe werden maschinell gefertigt, und selbst die Reparatur lohnt bei vielen gar nicht mehr. All jene aber, die Schuhe zu den besonderen und wichtigen Dingen im Leben zählen, sollten einmal in Staufen bei Maßschuhmacherin Rebecca Posselt, einer Meisterin ihrer Zunft, vorbeischauen.

In ihrer Schuhwerkstatt repariert die junge Schuhmacherin auf Wunsch jedes Schuhwerk, sie fertigt aber auch selbst, nach Maß und persönlichen Vorlieben. Es duftet überwältigend nach Leder, und die Schuhe, die hier entstehen, sind wahre Kunstwerke: von High Heels über Ballerinas, Budapester, Riemchensandalen bis hin zu Gummi- und Wanderstiefeln.

Es müssen aber nicht immer nur Schuhe sein. Wenn Sie also immer schon einen Gürtel in einem ganz bestimmten Farbton und mit individuellen Mustern Ihr Eigen nennen wollten, hier können Sie ihn entwerfen und fertigen lassen: aus vegetabil gegerbtem oder geprägtem Leder, mit verchromter, versilberter oder Messingschnalle. Allein schon die Auswahl an Gürtelschnallen ist eine Fahrt nach Staufen wert. Oder wie wäre es mit einer handgefertigten Schreibmappe aus gegerbtem Rindsleder, einer Geldbörse in Schlangenoptik oder einer Lederrolle zum Aufbewahren von Werkzeug, Zeichen- oder Fahrradutensilien? Und aus Ihren ausgetretenen Lieblingsstiefeln, die Sie einfach nicht wegschmeißen möchten, macht die Schuhmacherin im Handumdrehen ein strammes Paar Vorzeigeschuhe ohne abgelaufenen Absatz.

Rebecca Posselt hat ihr Handwerk gründlich gelernt. Nach einem Jahr Praktika in verschiedenen europäischen Schuhmacherereien begann sie ihre Schuhmacherausbildung an der Staatsoper Hannover. Nach ihrem Abschluss lockte die weite Welt, und Posselt wechselte an die Oper in Sydney und von dort zu einem Orthopädie-Schuhmacher in Sydney. Dann rief Staufen und die Gelegenheit, eine eigene Schuhmacherei zu eröffnen. Und die Schuhkünstlerin kam – und gab der Schuhkultur in der kleinen Stadt ganz neue Impulse.

Rebeccas Schuh- und Lederwerkstatt · Di–Fr 9–13, 15–18.30, Sa 9–13 Uhr · Adlergasse 2a 79219 Staufen · Tel. 0 76 33/9 25 30 20 · www.schuh-leder-werkstatt.de · Haltestelle: Staufen Busbahnhof, Bus 7240, dann 10 Minuten Fußweg

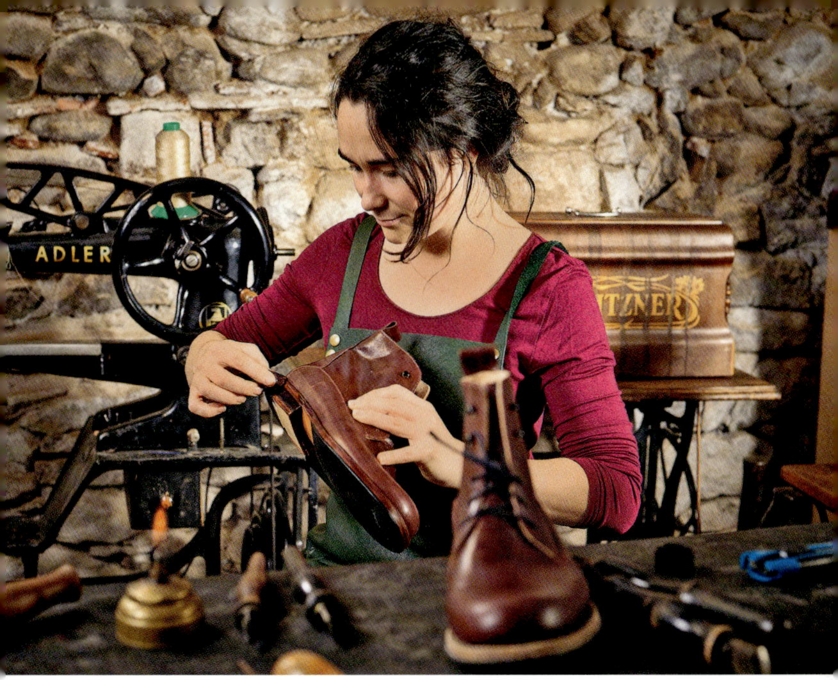
ADLER

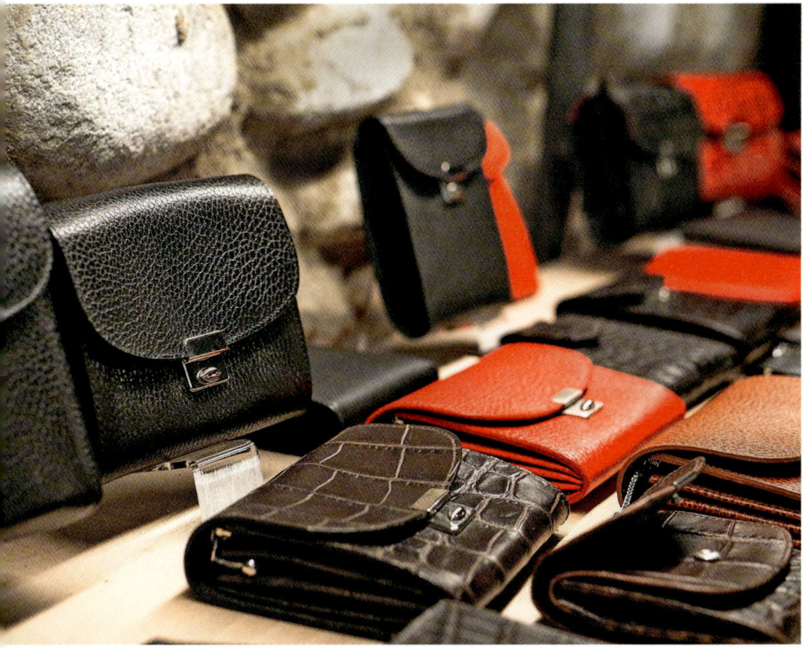

DIE EDLE GÄRTNEREI GRÄFIN VON ZEPPELIN

Schwarze Tulpen, edle Lilien, farbintensive Stauden und ein Hauch von Großbritannien – Sie werden sehen: Die Staudengärtnerei Gräfin von Zeppelin inmitten der Weinberge von Sulzburg-Laufen ist keine gewöhnliche Gärtnerei. Helene-Stein-Zeppelin, die Nichte des Grafen, gründete das Unternehmen im Jahr 1926.

Die junge Helene Stein-Zeppelin wollte damals die beste Stauden-Gärtnerei des Landes erschaffen, das Vorhaben der »Iris-Gräfin«, wie sie bald darauf genannt wurde, kann als gelungen betrachtet werden, ihre Produkte wurden weltberühmt. Und sie sind es heute noch. Und so hat die Familie Zeppelin weit über die Luftfahrt und den Bodensee hinaus ihren Namen in die Welt getragen. 2500 edle Stauden in einer Gärtnerei, die Klasse verströmt. Hier

> Im benachbarten Sulzburg steht eine der ältesten Kirchen Deutschlands. Die ehemalige Klosterkirche St. Cyriak beeindruckt mit schlichter Schönheit.

trifft der Begriff »Gartenkultur« seine innerste Bedeutung. Vor allem die Pfingstrosenkollektion ist eine wahre Augenweide. Die Tochter der Gräfin, Aglaja von Rumohr, und ihr Sohn Fredrik von Rumohr führen auch die Tradition der besonderen Iris fort, 500 verschiedene Sorten gedeihen noch immer im sonnigen Sulzburg – maisgelb, burgunderrot, scheinend weiß oder von einem tiefen Lila, die Farbenpracht ist überwältigend. Neben die Iris werden Begleitblumen gepflanzt, also solche, die neben der Schwertlilie besonders gut zur Geltung kommen, wie die Flockenblume oder der Zierlauch.

Ein Besuch in der Gärtnerei von Aglaja und Fredrik von Rumohr ist immer inspirierend. Für neue Gärten bietet die Staudengärtnerei Kollektionen an. Das gesamte Pflanzenpaket kommt dann vom Fachteam. Wenn Sie eine Pflanze kaufen, können Sie die Mutterpflanze dazu sehen. So wissen Sie, wie sie sich entwickelt. In zahlreichen Veranstaltungen wird das Gartenjahr hier zelebriert, ob mit den Rosentagen im Juni oder dem Herbstfest im September.

Staudengärtnerei Gräfin von Zeppelin · März–Okt. Mo–Sa 9–18, Nov.–Feb. Mo–Sa 10–18 Uhr · Weinstraße 2 · 79295 Sulzburg · Tel. 0 76 34/55 03 90, www.staudengaertnerei.com
Haltestelle: Laufen Brunnen, Bus 261 ab Mülheim Bahnhof

18 SCHWARZWÄLDER KIRSCHTORTENFESTIVAL

Dieses Festival ist nichts für Hungrige, nichts für »Abnehmer«, Kostverächter oder Käsebrotliebhaber. Wenn Sie aber gerne in der Kunst der zur Torte gewordenen Schlagsahne samt Kirschwasser und Schokobiskuit schwelgen, sollten Sie sich das Festival in Todtnauberg keinesfalls entgehen lassen, nirgends sind die Torten besser!

Zucker, Eier, Mehl und noch ein paar Extras, eigentlich kein Hexenwerk, doch eine richtige Schwarzwälder Kirschtorte ist nicht nur ein komplexes Geschmackserlebnis, sie erfordert auch eine gewisse Handfertigkeit bei der Herstellung. Das Konditorwunderwerk ist deutsches Kulturgut im Ausland, der »Black Forest Gâteau« ist auf der ganzen Welt so berühmt wie Bollenhut und Kuckucksuhr, der Kitschfaktor ungefähr so groß wie ihr Kaloriengehalt. Von der Schwarzwälder Kirschtorte gibt es viele Varianten. Und Sie müssen schon Lust auf Süßes haben, wenn Sie sich auf die schwere Köstlichkeit einlassen wollen.

> Ein Stück Kirschtorte hat rund 350 Kilokalorien; um diese zu verbrennen, müssen Sie eine halbe Stunde rudern oder schwimmen. Sie können auch zwei Stunden bügeln oder 90 Minuten putzen.

Im Kurhaus zu Todtnauberg wird alle zwei Jahre die beste Schwarzwälder Kirschtorte gesucht. Bäcker, Konditormeister, Chocolatiers, sie alle kämpfen um Platz eins, aber auch die Amateure tragen einen Wettbewerb aus. Die Auszeichnung ist sowohl bei den Zuckerbäckern als auch bei den Hobbykonditoren begehrt. Die Festival-Variationen sind so einfallsreich wie lecker: Schwarzwälder Kirschtorten-Eis, Pudding, Dessert. Es gibt sie auch in der Dose, im Glas oder tiefgefroren. Damit käme man aber beim Festival nicht weit, dort muss live und schnell produziert werden. Ganz so wie in den Kochshows im Fernsehen.

Die berühmte Sahnetorte ist seit den 1930er-Jahren von Kaffeekränzchen nicht mehr wegzudenken. Man sieht das Kännchen und das Spitzendeckchen auf dem Holzimitat-Tablett förmlich vor sich, wenn man an die Tortenlegende denkt, Sinnbild und Genusssymbol für den Schwarzwald.

Tourist-Info Todtnauberg · Mo–Fr 9–12, 13.30–17 Uhr · Kurhausstraße 18 · 79674 Todtnauberg
Tel. 0 76 52/12 06 85 30 · www.kirschtorte.de · Haltestelle: Todtnauberg, Bus 7215 ab Kirchzarten

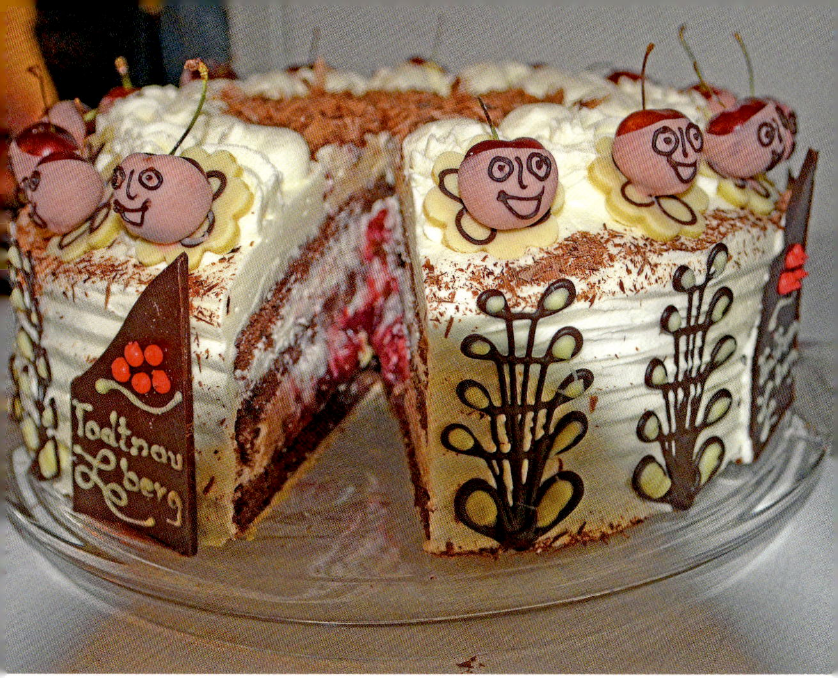
Todtnau
Laberg

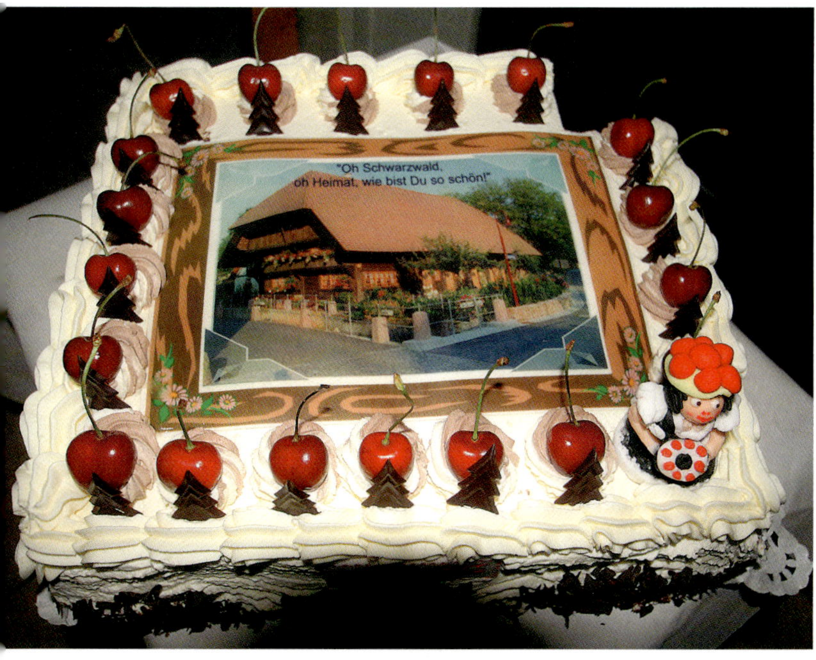
"Oh Schwarzwald,
oh Heimat, wie bist Du so schön!"

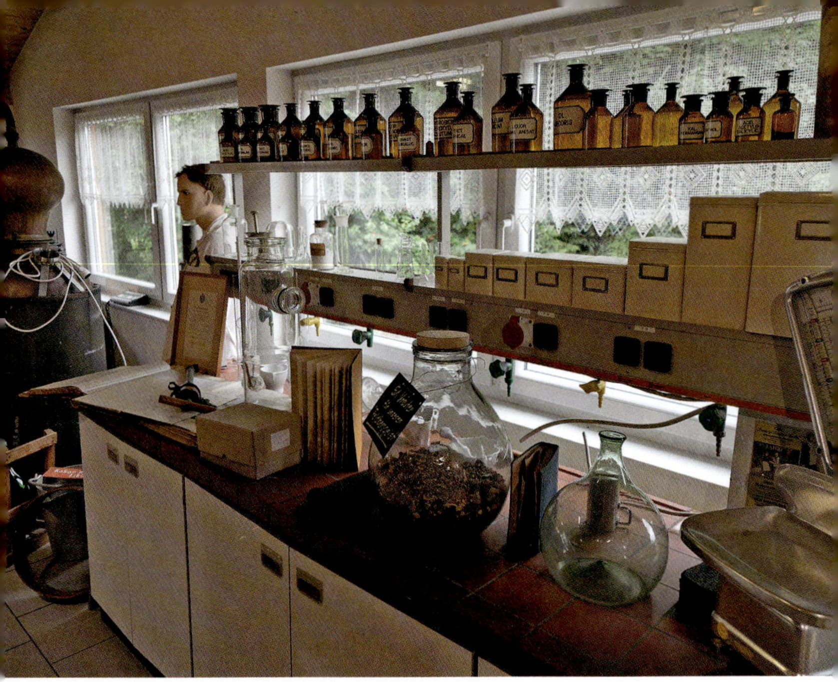

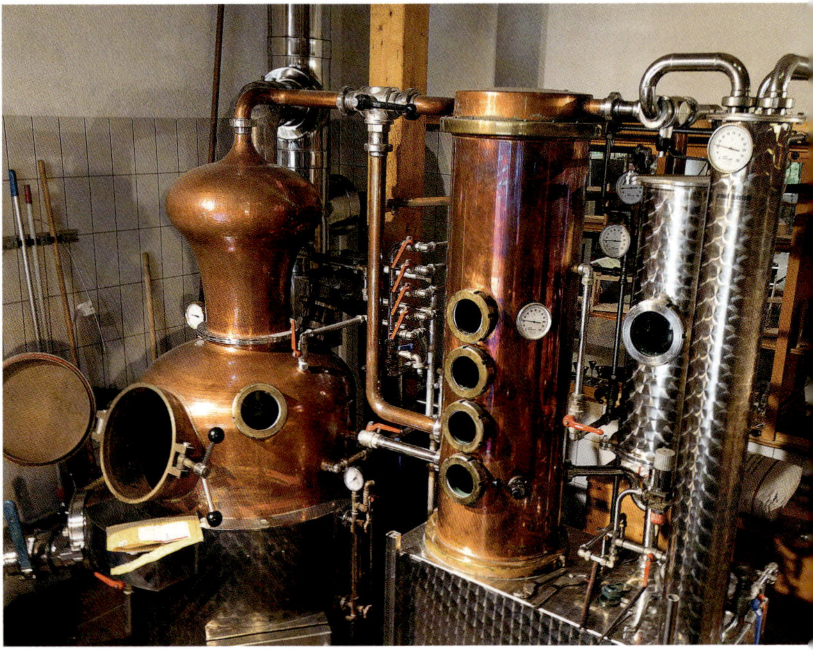

GENUSS HOCH DREI IM SCHNAPSHÄUSLE

Wie passt das zusammen? Ein Apothekenmuseum, antike Skier, Schnaps und die berühmte Schwarzwälder Kirschtorte? Dabei ist nicht die Frage, wie das zusammenpasst, sondern wo: beim Café & Schnapshäusle zum gscheiten Beck (vormals Erichs Schnapshäusle) in Bärental, einem Ortsteil der Gemeinde Feldberg.

Dort nämlich (ausgeschildert mit »Schnapsmuseum«) ist Ihr Erlebnis dreigeteilt in Café, Brennerei und Museum. Im Café können Sie sich die Kirschtorte nicht nur schmecken lassen, sondern an Backvorführungen (jeden Donnerstag 14.30 Uhr) teilnehmen. Natürlich ist nach dem Schaubacken, bei dem Sie endlich die Geheimnisse der Zubereitung erfahren, eine Kostprobe vorgesehen. Steht Ihnen der Sinn nach Schärferem? Dann ist ein Einblick in die Arbeit des Schnapsbrenners genau das Richtige. Hierbei werden Sie eingeführt in das Ernten, Maischen, Vergären und Brennen im Rahmen eines Rundgangs durch das Brennereimuseum. Auch hier natürlich wieder inklusive »Probiererle« und zur besseren Verträglichkeit mit Brot und Schinken.

Apropos Schinken: Diese weitere typische Schwarzwälder Spezialität wird natürlich auch thematisiert. Zwar nicht in Form einer Schauherstellung, aber doch in Form einer leckeren Kostprobe bestehend aus einer Vesperplatte mit dem berühmten Schinken. Alles, was der gscheite Beck so zu bieten hat, gibt es auch in Form verschiedener Kombinationsmöglichkeiten. Also von Backen und Schnaps bis hin zu einer Führung mit anschließendem Vollprogramm bestehend aus Schinken, Schnaps und Kirschtorte. Geplant ist auch die Herstellung eines eigenen Biers als Eigenmarke Blackdeer.

Werfen wir noch einen kurzen Blick auf das originelle Museum: Eigentlich ist es ein Konglomerat aus mehreren Museen – neben der schon fast historisch anmutenden Brennerei zählen zu den Exponaten auch Motorräder, alte Skier und alte Schnapsfläschchen – und ein Apothekenmuseum befindet sich ebenfalls im selben Gebäude und ergänzt die eigenwillige Mischung.

Café & Schnapshäusle zum gscheiten Beck · Di–So 12–18 Uhr · Bahnhofstraße 3
79868 Feldberg-Bärental · Tel. 07655/341 · https://gscheiter-beck.de
Haltestelle: Bärental Bahnhof, S-Bahn S1

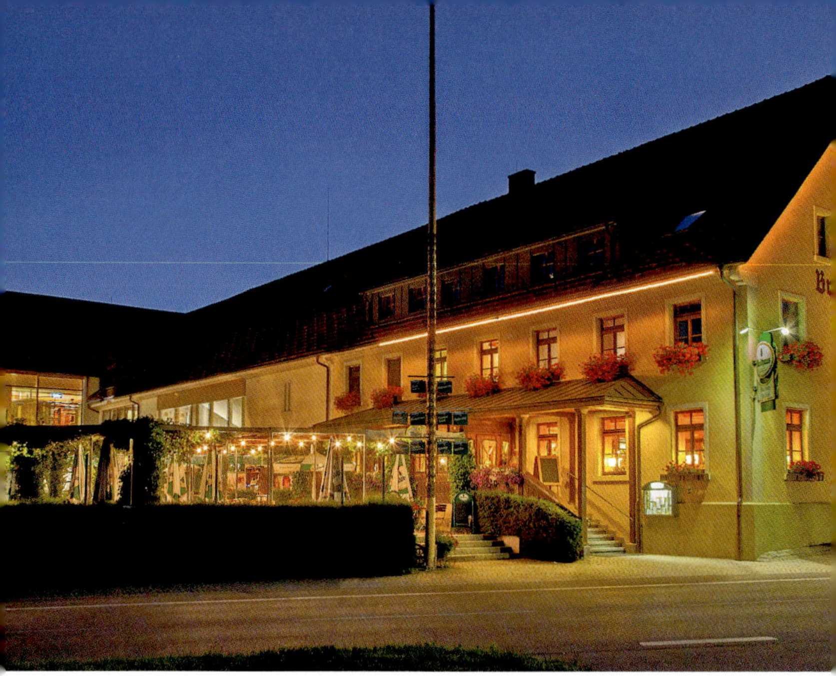

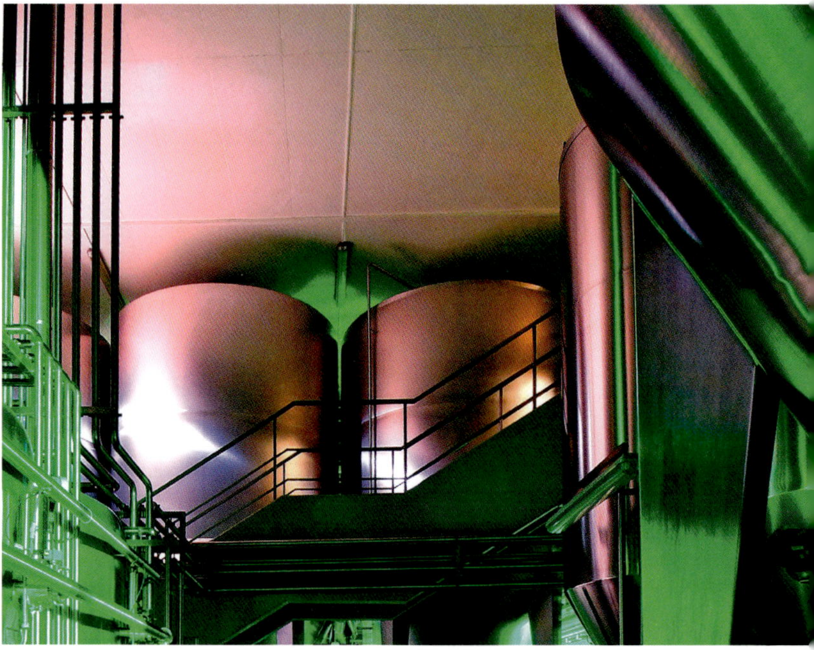

OKTOBERFEST IM HOTZENWALD

Einer der wichtigsten Bestandteile eines guten Biers ist das Wasser, aus dem es gebraut wird. Rein und frisch muss es sein, klar und sauber. So wie das Wasser im Hotzenwald, wo es so oft regnet wie nirgends sonst hier. Natur, die man schmecken kann.

Brauereien gibt es viele in der Region, die Privatbrauerei Waldhaus nimmt dennoch eine besondere Stellung ein. Seit 1833 wird hier Bier gebraut, doch der Blick ist nicht in die Vergangenheit gerichtet, sondern liegt in der Moderne: Die bis 2017 stattfindende Sudhaus-Party war legendär. Sie wurde am Wochenende nach dem »Tag des Biers«, dem 23. April, gefeiert, weil an eben jenem Tag 1516 vom bayerischen Herzog Wilhelm IV. in Ingolstadt das deutsche Reinheitsgebot verkündet worden war, das seitdem Bestand hat. Auch im Hotzenwald natürlich oder vielleicht gerade da ganz besonders, denn das Waldhaus-Bier wurde vielfach prämiert: »World's Best Beer« ist nur eine der Auszeichnungen, die die Brauerei schon mehrfach erhalten hat.

Die Sudhaus-Party ist dem Waldhaus Oktoberfest gewichen. So heißt es nun jedes Jahr im Oktober »A'zapft isches«. Das Waldhaus-Logistikzentrum verwandelt sich in ein Festzelt, das den Vergleich mit den Bierzelten auf der Münchner Theresienwiese nicht scheuen muss – was die Stimmung betrifft, schon gleich gar nicht. Für diese sorgen die vielfältigen Bierspezialitäten und die Livemusik. Anschließend sollten Sie besser nicht mehr fahren, stattdessen können Sie sich frühzeitig um einen Fahrer oder ein Zimmer kümmern. Das Angebot im Waldhaus ist überschaubar, deshalb rechtzeitig buchen!

Und das Besondere am Bier? Waldhaus verwendet Naturhopfen, den nehmen nur noch knapp zwei Prozent aller deutschen Brauereien, die meisten greifen inzwischen zu Hopfen-Pellets oder gar Extrakt. Den Unterschied schmeckt man, das Hopfenaroma ist voll und weich, bis zu sieben verschiedene Naturhopfensorten werden je nach Biersorte verwendet. Braukunst, die Kenner sofort schmecken. Am liebsten natürlich beim Waldhaus Oktoberfest.

Privatbrauerei Waldhaus · Mo–Fr 7–16 Uhr · Waldhaus 1 · 79809 Waldhaus
Tel. 0 77 55/9 22 20 · www.waldhaus-bier.de · Haltestelle: Seebruck Bahnhof, RB,
dann Bus 7319 Rathaus Häusern und Bus 7322 bis Waldhaus

21 IN EINEM BÄCHLEIN HELLE: SCHWARZWALDFORELLEN

Sie gehören zum Schwarzwald wie die Kirschtorte und der Schinken: Schwarzwaldforellen. Die Forellenzucht Westermaier zieht die Fische unter natürlichen Lebensbedingungen auf und gibt keine Medikamente, keine Antibiotika oder sonstigen Zusätze. In frischem Schwarzwaldwasser und in mehreren Teichen wachsen die Tiere artgerecht heran. Inmitten des Egginger Mattentals, wo Weiden und Mischwälder dem Schwarzwald ein offenes Gesicht verleihen. Im Hofladen können Sie die Fische erstehen: Regenbogen- und Bachforellen aus der eigenen Zucht – frisch, geräuchert oder filetiert. Auch andere Fische und Meerestiere wie Lachsforellen, Garnelen oder Nordseekrabben und Fischprodukte wie Fischsalat oder Fischbrötchen bekommen Sie hier.

Forellenzucht Westermaier · April–Sept. Do–So 9–19, Okt.–März Do–So 10–17 Uhr
Bonndorfer Straße 59 · 79805 Eggingen · Tel. 0 77 46/5 49 · www.forellen-wm.de
Haltestelle: Waldshut, RB, dann Bus 7338 Kirche Eggingen

22 NUR NICHT UNTERGEHEN IM ATLANTIS

Das House of Music ist eine klassische Disco im alten Stil, ein uriger Gewölbekeller mit moderner Bar und Lightshow, in Herbolzheim eine Institution. Hier wird schon seit über 30 Jahren Musik aufgelegt – inzwischen, je nach Tag, eine andere Stilrichtung. Sie müssen sich nur den richtigen Tag aussuchen. Die Konkurrenz aus Riegel und Kenzingen hat einen Richtungswechsel angeregt. Früher war vieles härter im Atlantis: Heavy Metal, die alten Rockklassiker, Wave. Die Zeiten sind vorbei, und das Atlantis schwimmt mehr auf der Mainstream-Welle. Am ehesten ist es am Sonntag noch das alte Atlantis. Das sagenumwobene versunkene Reich Atlantis ist es nicht. Schließlich liegt es nicht im Meer. Aber eine gute Location für partywilliges Tanzvolk ist es allemal. Praktisch vor allem, weil die Disco vom Bahnhof Herbolzheim fußläufig zu erreichen ist. Und die Sache mit dem Untergang müssen Sie hier nicht allzu ernst nehmen.

Atlantis · Stockfeldstraße 6 · 79336 Herbolzheim · Tel. 0 76 43/16 00 ·
www.atlantis-herbolzheim.de · Haltestelle: Herbolzheim (Breisgau), RE

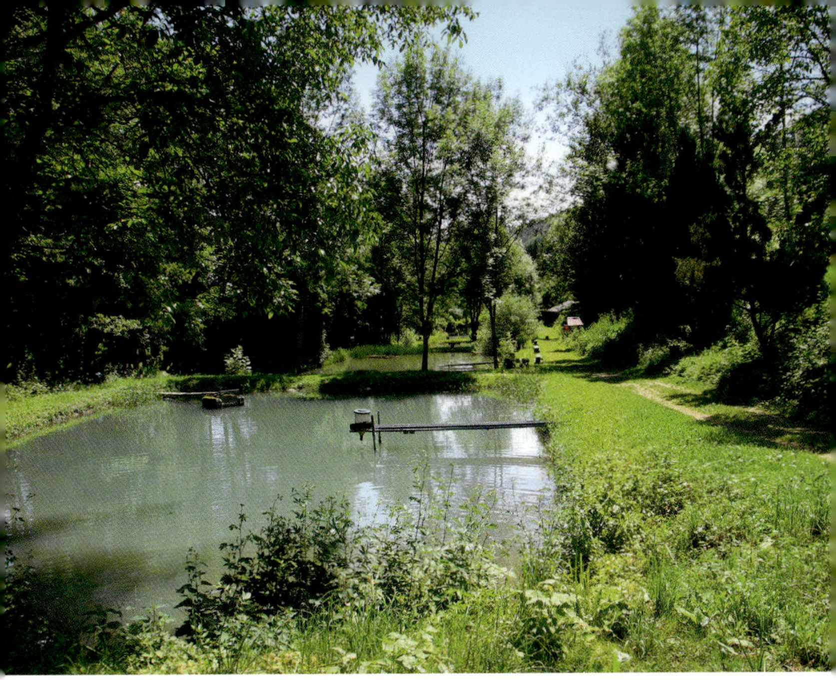

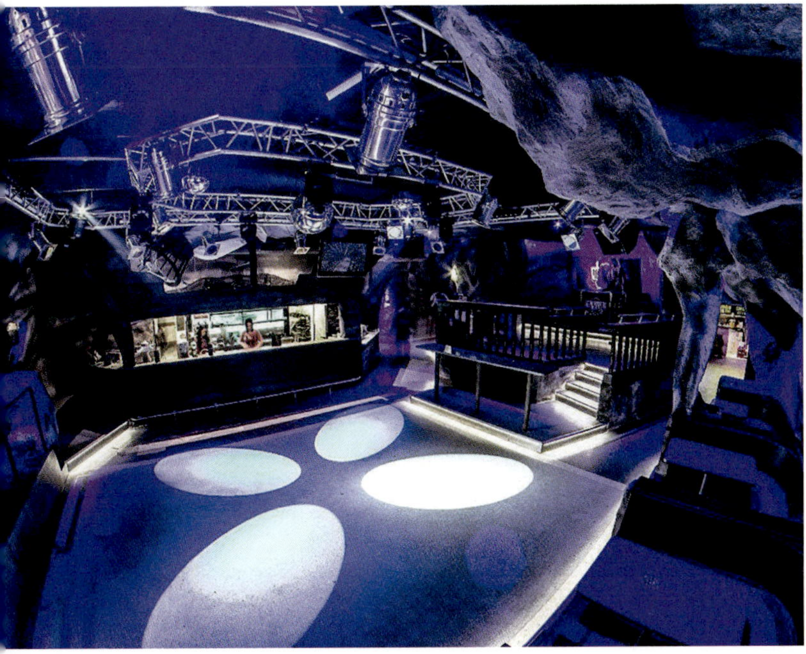

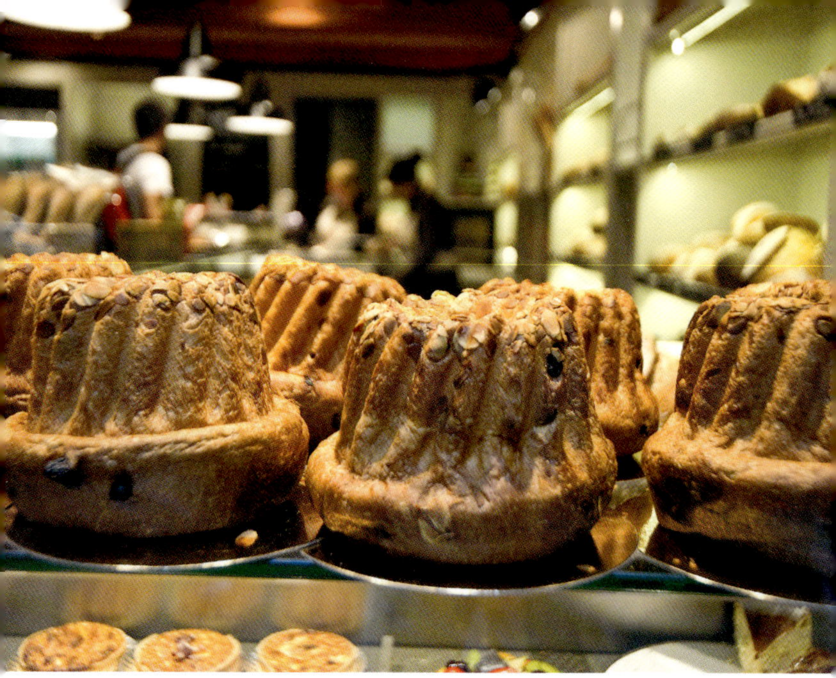

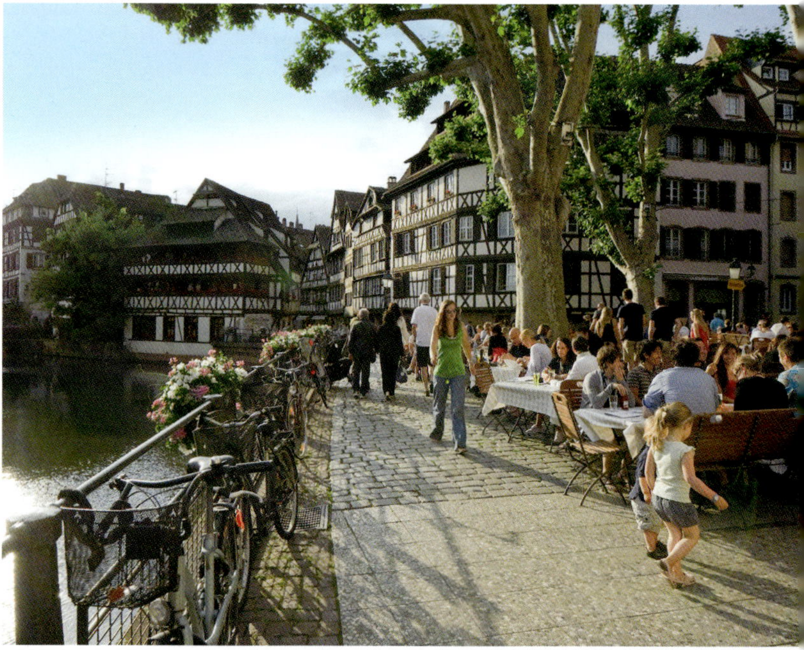

ZUM FRÜHSTÜCK NACH FRANKREICH

Es fühlt sich an wie Urlaub. Colmar ist ein wunderbares Fleckchen Erde, sehr stimmungsvoll und idyllisch, auch ein wenig touristisch, aber so französisch, wie das Elsass nur sein kann. Warum nicht einmal an einem Sonntag das Flair eines Frühstücks in Frankreich genießen, eintauchen in eine Welt voller Romantik.

Von der Freiburger Innenstadt sind Sie mit dem Auto in knapp einer Stunde da, und Sonntag morgens finden Sie in den Seitenstraßen rund um die Fußgängerzone der historischen Altstadt auch problemlos Parkplätze. Mit französischer Lässigkeit geht es dann weiter in die Altstadt.

Nach Colmar kommen die Touristen wegen dem »Baeckeofe« (ein elsässisches Eintopfgericht), dem Münster und Klein-Venedig. Doch gerade am Sonntagmorgen, noch bevor die diversen Reisebusse ihre Ladungen Touristen in die Altstadt entlassen, können Sie ganz gemütlich durch die Gassen schlendern und einfach im nächstbesten Café eine Schale »café au lait« und ein knuspriges Croissant bestellen. Dazu noch eine Zeitung, und der Sonntag mit französischem Flair ist perfekt. Muss ja nicht gleich »L'Équipe« sein. Das köstliche Plunderhörnchen in die große Schale tauchen und mit Genuss verspeisen. Wenn Ihnen dieses nicht kalorienhaltig genug ist, wählen Sie das »pain au chocolat«, die süße Alternative zum Croissant, das man in den meisten Läden auch mit Schinken und Käse gefüllt bekommt – falls Sie Lust auf ein herzhaftes Frühstück haben.

Ganz besonders schön ist es in Colmar im goldenen Croissant, Au Croissant Dorée, in der Rue Marchands, einer ruhigen und trubelfreien Nebenstraße. Die Einrichtung liegt irgendwo zwischen vergessenem Jugendstil und altmodischem Damenkränzchen, aber ist so typisch französisch, wie man es sich wünscht. »Eh voila, le petit déjeuner français!« Wer es sich nach dem Frühstück weiter gut gehen lassen will, der bestellt sich in einer der vielen Bars ein Gläschen Crémant, den Sekt hergestellt nach Champagner-Verfahren aus dem Elsass. Lecker ist vor allem die Rosé-Variante.

Au Croissant Dorée · 28 rue Marchands · 68000 Colmar · Tel. +33/3/89 23 70 81
um sonntags früh in Colmar zu sein, sollte man mit dem Auto anreisen

24 BASLER LÄCKERLI IN MODERNEM AMBIENTE

Basler Läckerli sind viel mehr als nur Mehl, Honig, kandierte Früchte, Nüsse, Mandeln, Zucker und Gewürze. Sie sind Basler Kulturgut und ganz einfach eine der besten Leckereien, die Sie in der benachbarten Schweiz kaufen können. Sozusagen Lebkuchen de luxe. Es muss nicht immer Schweizer Schokolade sein.

Sie sind kleine, rechteckige Köstlichkeiten, diese Schweizer Lebkuchen, die so typisch sind für Basel. Das Gebäck ist vor 600 Jahren entstanden, als die Basler Bäcker begannen, ihre Lebkuchen mit Orangeat und Zitronat zu verfeinern und ihnen so eine ganz besondere und fremdländische Note gaben.

Freiburger genießen das Leben im »Dreyländereck« und lieben die Fahrt in die Schweiz, sei es der Kunst wegen oder ganz profan zum Einkaufen. Die Supermärkte locken mit Schokolade und Käsefondue.

Wer es etwas exklusiver mag, der kauft Basler Läckerli im Läckerli Huus in der Gerbergasse. Im ganzen Laden duftet es nach Lebkuchen, der Geruch umhüllt einen bereits beim Eintreten. Das Design ist ultramodern, die Rezepte alt und wohlbehütet. Hier können Sie die Läckerli ofenfrisch probieren. Ein Geschmackserlebnis, das Sie so schnell nicht wieder vergessen werden. Es ist Lebkuchen, aber Lebkuchen 2.0. Hungrig sollten Sie den Laden keinesfalls betreten. Hier kauft auch die Schweizer Armee ein, die ordert dann aber gleich mal 12 Millionen Stück. Sie werden aber keineswegs schief angeschaut, wenn Sie etwas weniger kaufen. Läckerli sind nicht die einzigen Köstlichkeiten, die es im Läckerli Huus gibt, »Flûtes de Bâle« oder »Truffes fruitées« sind eine aromatische Alternative. Und alle Köstlichkeiten werden in Handarbeit hergestellt, auch die 12 Millionen Läckerli für die Armee. Natürlich können Sie Ihre Läckerli auch online bestellen, aber den Genuss des Besuchs im Läckerli Huus in Basel haben Sie dann nicht. Und der ist definitiv die Reise wert.

Wer mit dem Auto anreist, sollte die Autobahn durch Basel meiden. Am besten den Grenzübergang direkt hinter dem Flughafen Mulhouse/Freiburg auf der französischen Seite benutzen, da können Sie sich nicht verfahren.

Läckerli Huus · Mo–Fr 9–18.30, Sa 9–18 Uhr · Gerbergasse 57 · 4001 Basel · Tel. +41/61/2 60 00 60
www.laeckerli-huus.ch · ein ICE verkehrt stündlich zwischen Freiburg und Basel

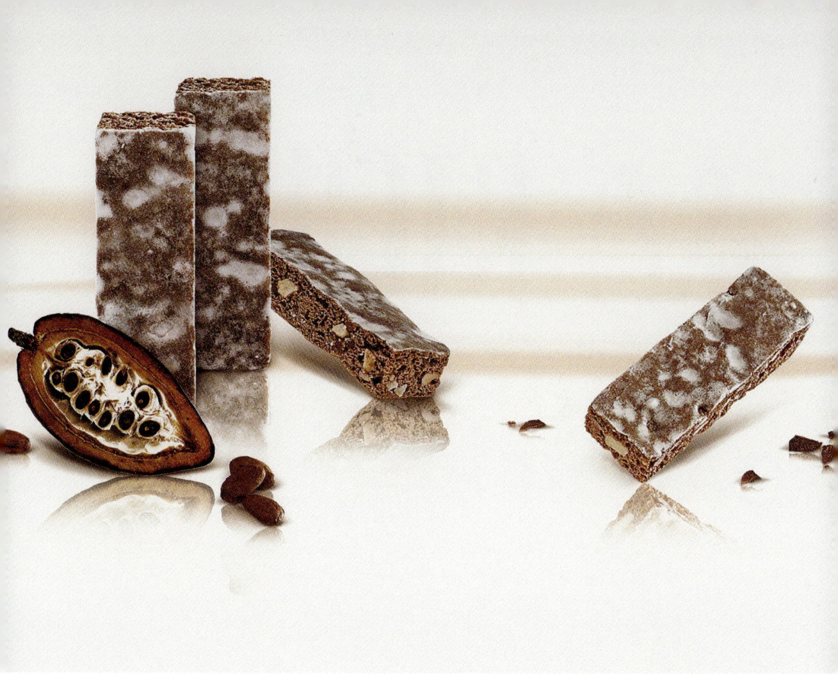

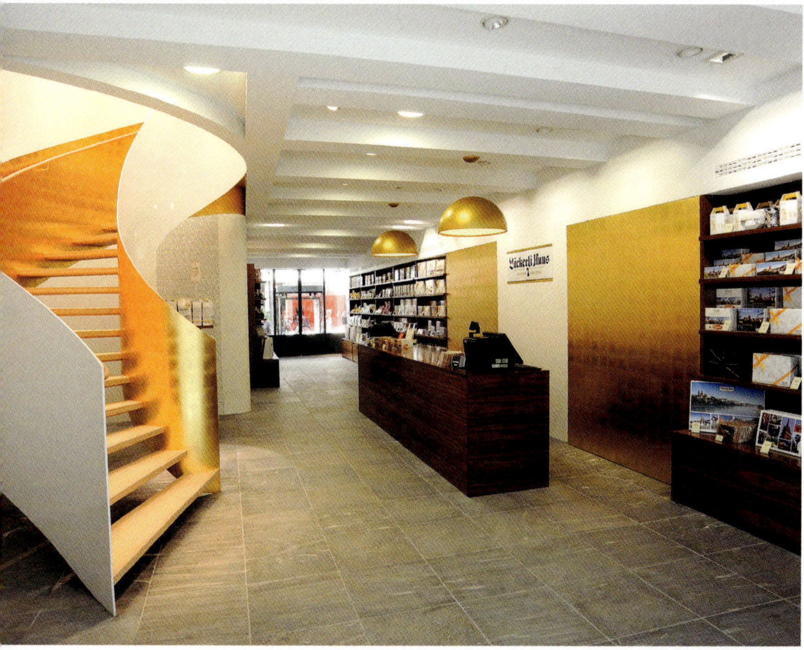
Läckerli Huus

SO RICHTIG

DIE SEELE BAUMELN LASSEN

WELLNESS, ENTSPANNUNG
UND UNTERKUNFT

25 ZEIT FÜR STILLE – DER ALTE FRIEDHOF

Nur ein paar Gehminuten vom lebhaften Stadtkern in Freiburg entfernt, still hinter weiß gekalkten Mauern, liegt Freiburgs alter Friedhof im Stadtteil Neuburg. Ein schöner, besinnlicher und vor allem historisch interessanter Ort, der sich mehr wie ein Park als ein Friedhof anfühlt. Er ist auch ein Ort voller Geschichten.

Sonnenstrahlen glitzern im Laub, eine Amsel ruft, der Lärm der Stadt ist nur ein fernes Echo. Genießen Sie die Stille, die auf dem alten Freiburger Friedhof herrscht, der einer der ältesten in ganz Deutschland ist. Ein Streifzug entlang der Gräber ist wie ein Blättern in den Geschichtsbüchern der Stadt. Mitglieder der großen bürgerlichen Freiburger Familien, die Verleger Herder und der Freiburger Adel wie die Comtesse Colombi werden Ihnen auf Ihrem Weg begegnen, sie alle liegen hier in der Stille begraben.

Im Jahr 1683 wurde der Friedhof zum ersten Mal gesegnet, an Allerheiligen 1872 fand die letzte Beisetzung statt. Es zieht viele Besucher hierher. Sie kommen auch wegen der Sagen und Geschichten, die sich um den alten Friedhof ranken. Die schlafende Schöne, der Unbekannte seit Generationen täglich frische Blumen aufs Grab legen, ist das eine romantische Rätsel des Friedhofs, doch bei Weitem nicht das einzige.

Eine Geschichte zum Gruseln erzählt der Totenkopf am Fuße des Sandsteinkreuzes vor der Michaelskapelle, in dessen einer Schädelhälfte eine Kröte hockt, auf der anderen Seite steckt ein Nagel. Ein Schmied soll von seiner jungen Gattin und ihrem Liebhaber, seinem Schmiedegesellen, ermordet worden sein. Sie hatten ihm einen Nagel in den Kopf geschlagen. Der Nagel, unter den Haaren verborgen, blieb unentdeckt. Bis die Leiche später vom Totengräber wieder ausgegraben wurde – es herrschte Platzmangel auf dem Friedhof, und die Gräber mussten neu geordnet werden. Dabei entdeckte der Totengräber, aufgeschreckt von einer Kröte, die es sich im Totenschädel gemütlich gemacht hatte, den Nagel und meldete dies. Das inzwischen verheiratete Mörderpaar wurde Jahre nach der Tat angeklagt und verurteilt.

Alter Friedhof Neuburg · April–Okt. 7–20, Nov.–März 8–17 Uhr · Stadtstraße
79104 Freiburg · Haltestelle: Hochmeisterstraße, Bus 27

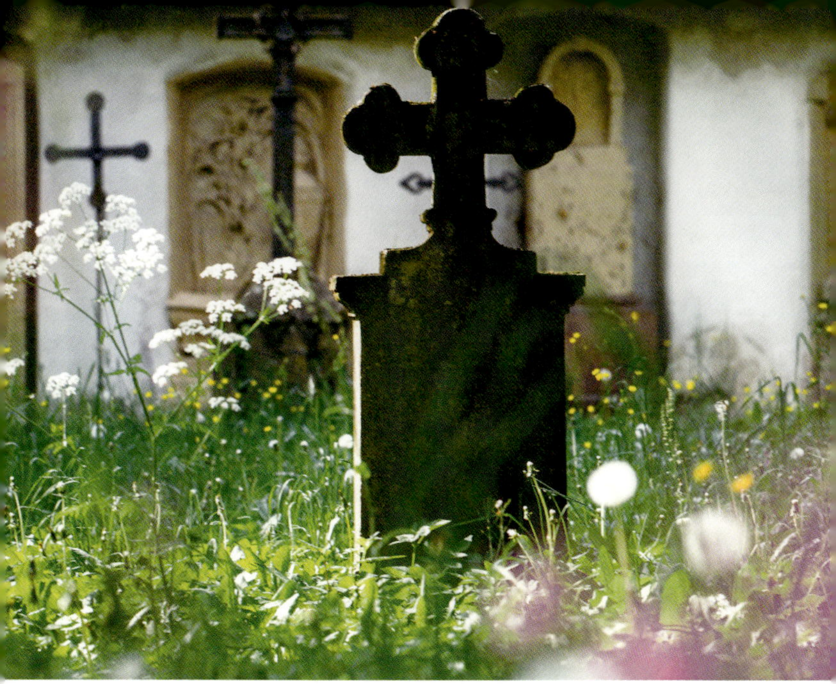

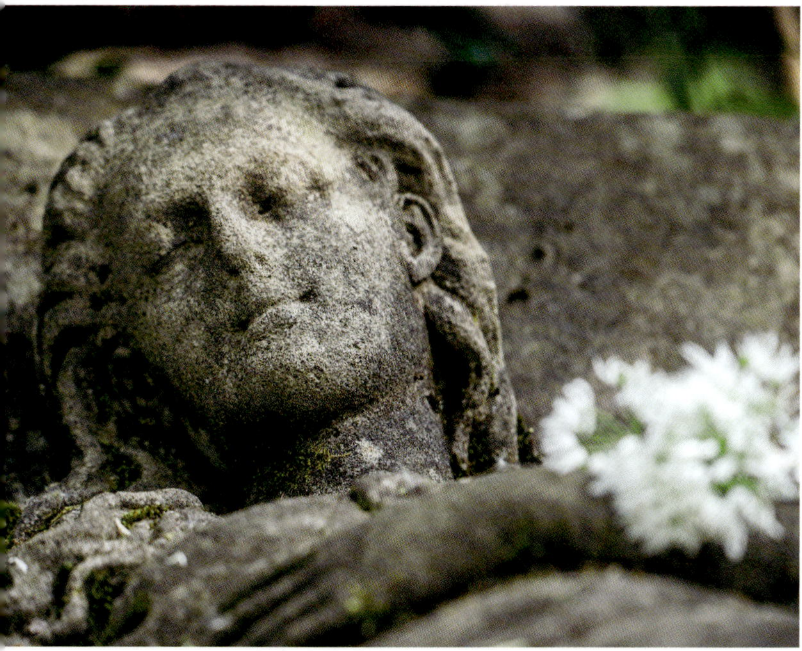

FÜR FRÜHAUFSTEHER: DAS FAULERBAD

Frühsport ist gut für Körper und Seele, die Erkenntnis ist sicherlich auch für Sie nicht neu, nur mit der Umsetzung hapert es gelegentlich. Der Geist ist willig, aber … Neue Reize setzen ist das beste Mittel, um die Lust an der Bewegung nicht einschlafen zu lassen. Einfach mal die Laufschuhe stehen lassen und ab ins Faulerbad.

Frühmorgens um sechs ist die Welt in Freiburg noch in Ordnung. Gerade in der dunklen Jahreszeit, wenn die Stadt langsam erwacht, das Tageslicht jedoch noch ein ferner Wunsch ist, gibt es keinen besseren Ort als das Faulerbad an der Dreisam: Frühschwimmen für Frühaufsteher. Das Bad hat am Morgen nur zwei Stunden geöffnet, danach schließt es wieder für die Öffentlichkeit und öffnet für die Klassen der umliegenden Schulen. Dann ist es laut und lebendig im Becken. Zwischen sechs und acht Uhr morgens aber ist es still, denn dann sind nur die Bahnenzieher im Wasser.

Das Hallenbad ist gerade im Winter wohlig warm und hell, Lichtblick und Fluchtort aus dem kalten, nassen Dunkel da draußen. Die Schwimmer, meist sind es immer dieselben, ziehen Bahn um Bahn im 25-Meter-Becken. Das Wasser (27,5°C) gurgelt gemächlich, mit den regelmäßigen Schwimmbewegungen stellt sich fast schon eine meditative Entspannung ein: ziehen, atmen, ziehen, atmen … Eine Welt aus Wasser und gleichförmiger Bewegung. In der Stille ist der Schwimmer in einer Welt ohne Worte mit seinen Gedanken allein und hat Zeit, sie zu sortieren. Alles fließt. Der Tag hat begonnen.

Probieren Sie es aus. Und wenn Sie öfter kommen, werden Sie mit der Zeit die Schwimmer auf den Bahnen nebenan kennen, schnell ist alles vertraut. Sie halten sich fit, während Sie sich gedanklich auf den Tag einstellen.

Für einen Kilometer, also 40 Bahnen, brauchen Sie wahrscheinlich nicht mehr als eine halbe Stunde. Duschen, anziehen, Haare föhnen und auf dem Weg zur Arbeit oder Uni frische Brötchen beim Bäcker mitnehmen. Besser (und vor allem gesünder) können Sie den Tag nicht beginnen. Das Gefühl von Wachheit und Klarheit bleibt bis zum Abend.

Faulerbad · Mo–Do 6–8 Uhr · Faulerstraße 1 · 79098 Freiburg · Tel. 07 61/2 10 55 30
www.badeninfreiburg.de/baeder-saunen/faulerbad · Haltestelle: Faulerstraße, Bus 11

27 HILFE! ICH GLAUBE, ES SPUKT!

»Bitte halten Sie mich nicht für verrückt, aber ...« So beginnen viele Anrufe, die bei der parapsychologischen Beratungsstelle in der Freiburger Wiehre eingehen. Der einzigen ihrer Art in Deutschland. Manche Phänomene lassen sich rein physikalisch erklären, andere nicht.

Walter von Lucadou ist der Mann, der meist eine Erklärung für unheimliche Vorkommnisse hat, schließlich hat er zwei Doktortitel, einen in Physik und einen in Psychologie. Er hat in Freiburg studiert und leitet heute eine Beratungsstelle, die sich mit all dem befasst, was aus dem bisher bekannten Erklärungsrahmen herauszufallen scheint. Viele Menschen rufen ihn an. Er gibt allen Auskunft, die ungewöhnliche Dinge erleben. Von Lucadou spricht nicht von Spuk oder Geistern, sondern von Präkognition und Wahrträumen. Er will helfen, denn wenn manche Menschen nicht ernst genommen werden, kann das verheerende Folgen haben. Ein Mann träumte etwa vom Unfalltod seines Vaters, der dann auch genauso starb. Der Sohn machte sich Vorwürfe, weil er es nicht verhindert hatte, Angstträume quälten ihn. Jedes Mal nach einem schlimmen Traum ging er zur Polizei, die ihn bald in eine psychiatrische Einrichtung einweisen ließ. Mit Beratung hätten derart schlimme Folgen verhindert werden können, glaubt man in der Wiehre.

Elf Prozent der Bevölkerung haben schon Geister gesehen, das ist also gar nicht so selten. Nur ein Prozent davon ist aber schizophren. Spuk ist oft eine psychosomatische Reaktion, die nicht im eigenen Körper stattfindet, sondern nach außen verlagert wird, der Mensch macht sich also seine Geister selbst.

Vorlesungen zu Themen wie »Botschaften aus dem Jenseits« oder »Was sind Wunder?« aber sind für alle offen und erkenntnisreich besonders für jene, die schon mal ein derart außergewöhnliches Erlebnis hatten.

> Walter von Lucadou hat mehrere Bücher über parapsychologische Phänomene verfasst, spannende und verständliche Lektüre über Geister und anderen Spuk.

Parapsychologische Beratungsstelle · Mo–Fr 9.30–13 Uhr · Hildastraße 64 · 79102 Freiburg
Tel. 0761/7 72 02 · www.parapsychologische-beratungsstelle.de
Haltestelle: Schwabentorbrücke, Stadtbahn S1

28 HEISSE QUELLEN AN KÜHLEN TAGEN

An kaum einem anderen Ort in Freiburg können Sie den Alltagsstress so gut abstreifen wie in der Idylle des Mooswald. Starten Sie mit einem vitalen Frühstücksbüfett im Dorint Thermenhotel Freiburg, gönnen Sie sich eine Medical Beauty- oder Wellnessbehandlung und wechseln Sie dann ins benachbarte Keidel Mineral-Thermalbad, das Hotelgäste über einen Gang sogar im Bademantel erreichen. Sanft umspielt das warme Mineral-Thermalwasser die Haut und sorgt für Wohlbehagen. Jetzt in die Sauna: Aromasauna, Kräuterkessel-Sauna oder Garten-Sauna – neun unterschiedlich temperierte Saunen und ein Türkisches Dampfbad sorgen für kreislaufschonende oder Power-Entgiftung. Sie werden erstaunt sein, was ein paar Stunden in Freiburgs Therme bewirken können. Zurück im Hotel erwartet Sie ein leckeres Abendessen.

Dorint Thermenhotel Freiburg · An den Heilquellen 8 · 79111 Freiburg · Tel. 07 61/4 90 80
https://hotel-freiburg.dorint.com · Haltestelle: Keidel Mineral-Thermalbad, Bus 34

29 EIN FLECKCHEN FREIBURGER FREIHEIT

Wenn Sie Vergnügen an Freikörperkultur haben und darüber hinaus noch gern Sport treiben, sind Sie im Freiburger Westen gut aufgehoben. Beim Sportbund Sonnland steht ein riesiges Gelände mit zahllosen Angeboten zur Verfügung. Einzige Bedingung: keine Klamotten. Ob Boccia, Sauna, Schwimmen oder Tennis, hier wird nackt gesportelt und gecampt. Alles familienfreundlich auf fast fünf Hektar. 240 Dauerstellplätze bietet der grüne Campingplatz und 20 für Gäste. Sie sollten entweder Mitglied beim Sportbund Sonnland oder in einem anderen FKK-Verein sein.

Das Gelände ist sichtgeschützt, sehr grün, gut gepflegt und bietet ruhige Rückzugsmöglichkeiten. Ein Freiburger Fleckchen Freiheit für alle Naturisten und solche, die es werden wollen.

Sportbund Sonnland · Fischermatte 7 · 79111 Freiburg · Tel. 07 61/8 21 59
www.sonnland-freiburg.de · Haltestelle: Betzenhauser Torplatz, Stadtbahn S1,
Haltestelle: Bissierstraße, Stadtbahn S3

Bitte
Schritt-
tempo
fahren

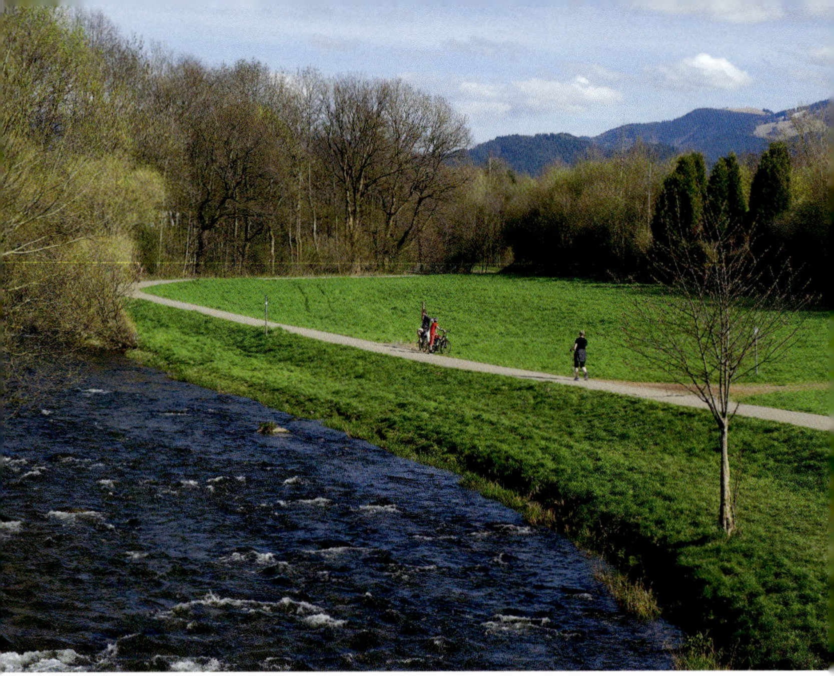

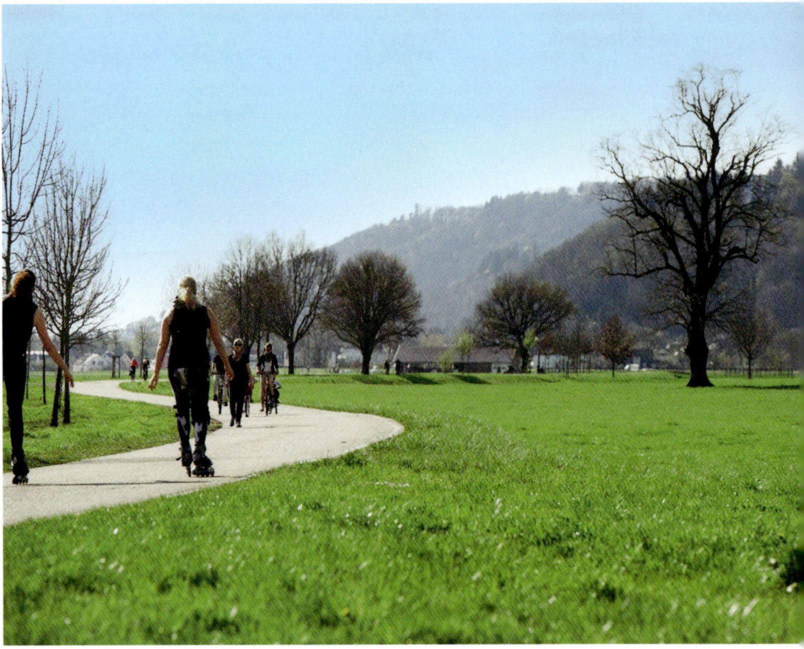

NORDIC WALKING
IM DREISAMTAL

Manche nennen sie abfällig »Stöcklesgeher«, dabei ist Nordic Walking nichts anderes als Skilanglauf ohne Ski, Schnee und Strickmütze, zumindest, wenn Sie es richtig machen. Sind Sie in dieser Sportart Einsteiger, ist das Dreisamtal ideal, das weite grüne Weide- und Ackerland, das zwischen Freiburg und dem Schwarzwald liegt.

Hier können Sie entweder direkt entlang der Dreisam oder drum herum herrlich walken, denn das Zartener Becken ist weitgehend flach. Berge gibt es für ungeübte Sportler als Panorama, nicht um sie zu bewältigen.

Nordic Walking ist optimal für Menschen, die aufgrund von Rückenproblemen nicht joggen können, oder solche, die nicht nur die Beine, sondern auch die Oberarme trainieren wollen. Prinzipiell ist es ein perfektes Herz-Kreislauf-Training und eine der gesündesten Sportarten überhaupt. Wenn Sie ein paar Tricks beachten, sind Sie schnell im richtigen Rhythmus: Es sind nie beide Stöcke gleichzeitig weg vom Boden, sie werden nah am Körper geführt, und die Hand öffnet sich am Ende der Rückwärtsbewegung, sodass nur noch die Schlaufe am Handgelenk den Stock hält. Jede dritte Frau über 50 besitzt inzwischen Walkingstöcke, denn wer Nordic Walking macht, verliert Pfunde. Auch Diabetiker und Menschen mit Bluthochdruck können die Stöcke ohne Bedenken schwingen. Am besten welche mit Dämpfung kaufen.

Vielleicht sind Sie so begeistert, dass Sie auch gleich an einem kleinen Wettkampf teilnehmen wollen. Das Rote Kreuz veranstaltet jedes Jahr ein Nordic-Walking-Event. Drei verschiedene Strecken sind dabei im Angebot: Bei der sportlichsten müssen Sie in der Regel um die 20 Kilometer zurücklegen, eine mittlere Distanz um die 15 Kilometer ist für die ganze Familie gedacht, und die kürzeste Variante hat etwa 10 Kilometer Länge. Alle verlaufen auf Feld- oder Naturwegen, die die Gelenke schonen. Zum Einstieg gibt es Gymnastik, die mit Musik und unter Anleitung Ihre Muskeln und Gelenke lockert, bevor es an den Start geht – genug Motivation für den Rest des Jahres, das Nordic Walking im Dreisamtal oder anderswo nicht aufzugeben.

Nordic Walking Dreisamtal · im Frühsommer · Alte Säge · 79199 Zarten
www.nordic-walking-dreisamtal.de · Haltestelle: Kirchzarten Bahnhof, RB, dann 18 Min. Fußweg

31 WANDERN MIT PAULINA UND ANGELO

Ein Esel entschleunigt, sagen die Freunde des Eselwanderns, das inzwischen immer mehr Anhänger hat. Denn eines können Esel ganz besonders gut: Ruhe vermitteln. Paulina und Angelo heißt das Eselspärchen, das am Kaiserstuhl für Entschleunigung sorgt. Los geht es im Weinort Ihringen. Ganz gemächlich. Der Kopf schaltet schnell ab. Und schon ist die Entspannung da. Im gemütlichen Grautiertrott geht es durch die Landschaft. Mit Eseln ist eine Wanderung ein völlig neues Erlebnis, denn das eigene Tempo ist nicht das Entscheidende. Und störrisch sind die Tiere gar nicht. Sie werden sehen, Sie möchten gar nicht mehr mit dem Streicheln aufhören. Und ganz nebenbei erfahren Sie auch noch allerlei über Wild- und Heilkräuter.

Kaiserstuhl Touristik e.V. · Bachenstraße 38 · 79241 Ihringen · Tel. 0 76 68/93 43
www.schwarzwald-trekking.de · Haltestelle: Ihringen, Bus 7211 und 1976

32 ORIGINAL SCHWARZ-WÄLDER GASTLICHKEIT

Wenn Sie als Familie mit Kindern, als Wanderer mit und ohne Hund, als Mountainbiker, Reiter, Langläufer, Schneeschuhwanderer oder Schlittenfahrer im Schwarzwald unterwegs sind und nach einer urigen Übernachtungsmöglichkeit suchen, dann ist der Raimartihof genau das Richtige.

Nach des Tages Mühen finden Sie im Raimartihisli, der Räuberhütte oder dem Sägerhäusle, allesamt Selbstversorgerhütten in direkter Nähe des Hofs, eine gemütliche Unterkunft mit ausreichend Schlafmöglichkeiten – falls Sie eine größere Gruppe sind –, Bad, Küche und Kachelofen, sollte es abends einmal kühl werden. Wenn Sie nicht selbst kochen wollen, können Sie in der original Schwarzwälder Vesperstube im Hof die Gastfreundschaft von Ehepaar Andris genießen. Der Hof ist über 300 Jahre alt.

Raimartihof · tgl. 9 –19 Uhr, Jan.–Mai Di Ruhetag · Raimartihofweg 2 · 79868 Feldberg
Tel. 0 76 76/2 26 · www.raimartihof.de
Haltestelle: Feldberger Hof, Bus 7300 und 9007 ab Bärental Bahnhof

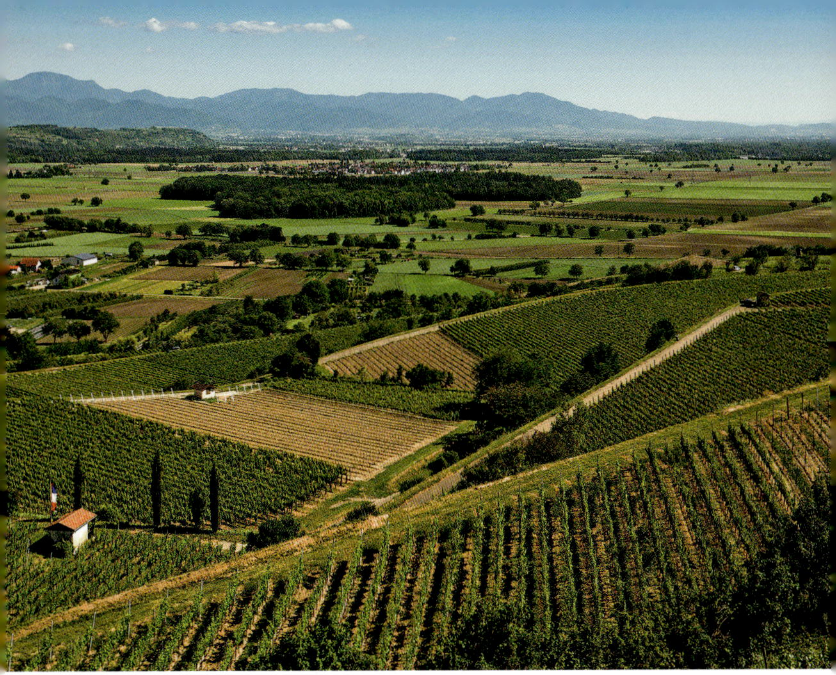

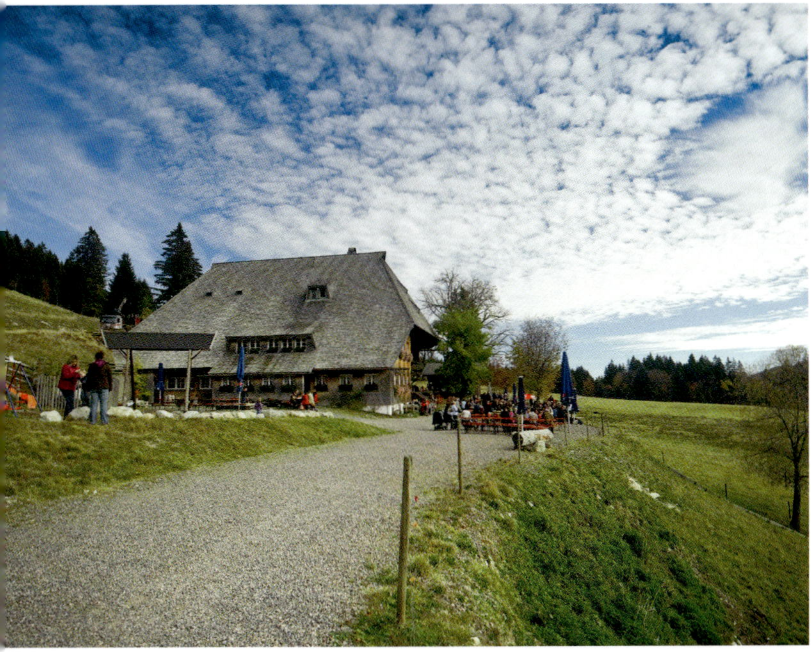

HÖHENTAUCHEN AM SCHLUCHSEE

33

Hinauf zur dunklen Tiefe! Einmal Tauchen im größten See des Schwarzwalds. Ein wahrhaft mystisches Erlebnis in einer fremden und magischen Welt, die Sie ganz sicher nie wieder vergessen. Ein geheimnisvoller kühler Zauber, Schwarzwalddunkel unter Wasser.

»Der See lässt einen einfach nicht mehr los«, sagt Majki, der gerade von einem Tauchgang im See zurückkommt. Es ist Ende Dezember, und man möchte dem Tauchlehrer einen gewissen Hang zum Masochismus unterstellen, doch wenn Jurek »Majki« Majkowski vom Tauchen im Schluchsee erzählt, dann merkt man ihm die Begeisterung an. »Wenn man hier taucht, wird man ganz klar im Kopf.« Er weiß, wovon er redet, betreibt er die Tauchschule am Schluchsee doch schon eine geraume Zeit.

Tauchen im Schluchsee mutet wie eine Zeitreise an, die in eine unwirkliche und magische Fantasiewelt führt. Grüngrau und dunkel ruht der See, der knapp tausend Meter – um genau zu sein 930 Meter – über dem Meeresspiegel liegt. Er ist leicht zugänglich, im Prinzip können Sie mit dem Zug anreisen und vom Bahnsteig direkt eintauchen. Der See birgt Aale, Zander, Forellen und Hechte. Denen unter Wasser zu begegnen ist nicht jedermanns Sache, aber die meisten interessieren sich ohnehin vor allem für die Überreste der alten Staumauer, die ehemalige Poststraße und die Brücke, die nach der Flutung eines ursprünglich am Ufer des Sees gelegenen Dorfes nun am Seegrund ertaucht werden wollen. Ein unwirkliches Gefühl, über eine Straße zu schweben und im Wasser über eine Brücke zu schwimmen.

Das Angebot an Tauchkursen ist vielfältig und reicht von Anfängerkursen bis zum Rettungskurs »Rescue Diver«. Sind Sie Anfänger und wollen Sie die Faszination Tauchen und die Schwerelosigkeit der Unterwasserwelt ergründen, werden Sie hier geschult, eingewiesen und betreut, von Majki oder einem der anderen ausgebildeten Tauchlehrer, die zur Tauchbasis Schluchsee gehören. Diese finden Sie im Gebäude des Bahnhofs Seebrugg.

Tauchbasis Schluchsee · Seebrugg 14 · 79859 Schluchsee · Tel. 0 77 62/80 52 70
www.aquaplus-wehr.de/tauchbasis-schluchsee.html
Haltestelle: Bahnhof Seebruck, RB, die Tauchschule befindet sich im Bahnhof

34 NACHTS UNTER BAUMSCHLÄFERN

Warum nicht mal mit Hans, Franz, Jakob oder Willi die Nacht verbringen? Das könnte ein Spaß werden, den Sie so schnell nicht vergessen werden, denn Hans, Franz, Jakob und Willi sind keine durchtrainierten Schwarzwaldmänner, sondern Baumzelte im Schwarzwaldcamp am Schluchsee. Ein Zelt im Baum? Ein Zelt im Baum!

Es ist eine Erfahrung für Abenteuerlustige und Romantiker zugleich. Hoch oben in den Bäumen ist der Himmel weiter, die Sterne glitzern näher, und die Vögel zwitschern nur eine Armlänge entfernt. Der Blick in die Baumspitzen entspannt. Einfach in den Schlafsack kuscheln und lauschen. Es rauscht in den Wipfeln, und nie werden Sie den Wald so nah fühlen wie in dieser Nacht. Wie ein unbekanntes Flugobjekt hängt das Zelt zwischen zwei

Bäumen, und gerade in der Dämmerung mit Beleuchtung vor dem Schwarz-walddunkel wirkt es außerirdisch, als sei ein schimmerndes Ufo gerade dabei, im Wald zu landen. »Willi« befindet sich in drei Metern Höhe und ist die richtige Wahl, wenn Sie bereits geübte Baumschläfer sind. »Hans«, »Franz« und »Jakob« hängen einen Meter tiefer. Alle vier sind für je zwei Personen ausgelegt. Unter den Zelten befindet sich eine Kiste, damit Sie auch hinauf-kommen ins Zelt und zur Unterbringung des Gepäcks.

Raphael Kuner vom Schwarzwaldcamp ist Outdoormensch, er stammt aus Furtwangen und ist ständig auf dem Wasser, im Kanu, auf dem SUP-Board oder im Seekajak. Der Outdoorlehrer beherrscht sie alle, und er will seine Leidenschaft für die Natur weitergeben. Das tut er mit dem Schwarz-waldcamp am Schluchsee, wo man nicht nur im Baum schlafen kann. Hier geht auch Camping mit Stil: Glamping (setzt sich aus den englischen Wörtern »glamorous« und »camping« zusammen). »Alfons« ist die Campingsuite für zwei mit Doppelbett und Kerzen in der Küchenkiste. Glamping geht auch im Winter, mit einem kleinen Öfchen kommt Gemütlichkeit auf.

Schwarzwald-Camp · Gewann Zeltplatz 2 · 79859 Schluchsee · Tel. 0 76 56/9 88 43 48
www.schwarzwaldcamp.com · Haltestelle: Bahnhof Schluchsee, RB

GAAAANZ LANGSAM – SCHNECKENWANDERN

Es ist egal, wie lang die Strecke ist. Es ist egal, wie lange Sie dafür brauchen. Langsam heißt das Zauberwort. Die Uhr lassen Sie am besten zu Hause. Wer hier wandert, will entschleunigen, und er soll es auch. Zeit zum Sehen, Riechen und Hören, statt die Strecke in Rekordzeit zu schaffen. Handys am besten aus!

Das klingt einfach, ist es aber nicht, und deshalb gibt es am Schneckenwanderweg in Schonach Tipps, wie man es richtig macht: Tannenzapfen sammeln, ins Gras legen, in die Wolken schauen – das alles können Sie tun, nur nicht nachrechnen, wie lange Sie noch bis zum nächsten Streckenpunkt brauchen oder um wie viel Uhr Sie frühestens (oder spätestens) am Ziel sind.

Die Strecke ist mit 23 Kilometern für eine Tageswanderung ausgelegt, es gibt aber auch eine deutlich kürzere Route für Familien, die schlanken acht Kilometer schaffen auch jüngere Kinder.

Los geht es beim Parkdeck Ortsmitte in Schönwald. Schlagen Sie den Weg in Richtung Triberger Wasserfälle ein – die Sie sich unbedingt ansehen sollten, sofern Sie sie noch nicht kennen. Von nun an kehren Sie dem Trubel den Rücken und genießen. Atmen Sie die erfrischend klare Bergluft ein und kommen Sie endlich zur Ruhe, indem Sie den Milchkühen beim Wiederkäuen in die sanften braunen Augen schauen. Vorbei geht es über Holzstege am Blindensee, einem Hochmoorsee, der unter Naturschutz steht. Die Zeit steht still. Die Sonne scheint warm auf der Haut. Ein Habicht ruft über dem dunklen Wasser. Spätestens jetzt ist der Alltag weit, weit weg. Einkehr und Besinnung verspricht ein Halt an der Wendelinkapelle – der namensgebende Wendelin gilt Landwirten als Viehheiliger – oder an der Martinskapelle, die nach einer Zwischennutzung als Wirtschaftsgebäude seit Anfang des 20. Jahrhunderts wieder als Sakralgebäude dient. Schweigen, genießen und in vollen Zügen Natur atmen, dem Gezwitscher der Vögel lauschen und den Wolken beim Ziehen zusehen. Schneckenwandern eben. Hier ist Entschleunigung Programm, sie fängt in den Beinen an und hört im Kopf auf.

Schneckenwanderung · www.hochschwarzwald.de/Touren-im-Hochschwarzwald/Schneckenwanderung
per Bahn mit RE ab Offenburg

69

36 DUFTIG SCHLAFEN IM WIESENBETT

Der Hilserhof in Triberg ist bekannt für Wiesenwellness ganz allgemein und für seine Wiesenbetten im Besonderen. Nirgendwo können Sie schöner Familienurlaub machen als auf dem freundlich und familiär geführten Bauernhof – und werden sehen, dass Sie eigentlich gar nicht mehr weg wollen vom einfachen Leben.

Kinderlachen klingt über die weiten Wiesen, die Münder sind heidelbeerblau verschmiert und die Hände nicht mehr ganz so sauber vom vielen Ziegenstreicheln. Dafür sind die Schuhe nass nach der Bacherkundung. So was von egal! Es macht Spaß auf dem Hilserhof. Er ist ein Kindertraum mit gemütlichen Kühen im Stall und den aufregenden Abenden im »Wiesenbett«, dem Bauernstubenzelt mit allem, was Gemütlichkeit ausmacht, einschließlich Tannenrauschen zum Einschlafen. Und morgen dann ein Ausflug auf den Pferden, mit denen die Kinder bereits Freundschaft geschlossen haben. Natur pur und zurück zum ursprünglichen Leben, gerade für Stadtkinder ein unvergessliches Erlebnis. Wenn Sie also die Lust aufs Landleben verspüren, sollten Sie vorbeischauen. Ihre Kinder werden so sehr mit Tierefüttern, Pferdestriegeln und Erkunden der Ställe beschäftigt sein, dass auch die elterliche Wiesenruhe garantiert ist und Zeit für erholsame Stunden in der Wiesensauna bleibt.

Im rund um die Uhr geöffneten Hofladen gibt es hausgemachte Bauernwurst, am Angelteich können Sie Ihr Glück bei den schnellen Forellen versuchen, die wunderschöne Umgebung lockt mit zahlreichen Ausflugsmöglichkeiten. Nicht mal dann müssen Sie sich Gedanken um die Verpflegung machen, die Picknickkörbe von Bäuerin Barbara Bruker Wernet sind reichhaltig und schmackhaft: Räucherwurst, Schinken, Eier und Holzofenbrot, alles aus eigener Herstellung und von köstlicher Schlichtheit, so, wie Essen nur in der Natur schmecken kann. Wer will, kann gerne auch sein Haustier mitbringen, denn Hund oder Katze sind ausdrücklich und herzlich willkommen in den Naturwohnungen auf dem Hilserhof. Im Wiesenbett wachen Sie nach einem erholsamen Schlaf, der nach Natur und Glück duftet, doch viel entspannter auf.

Hilserhof · Obertal 5 · 78098 Triberg-Gremmelsbach · Tel. 0 77 22/91 98 86 · www.hilserhof.de
www.wiesenbett.de · Haltestelle: Nußbach Hirschrank, Bus 7265

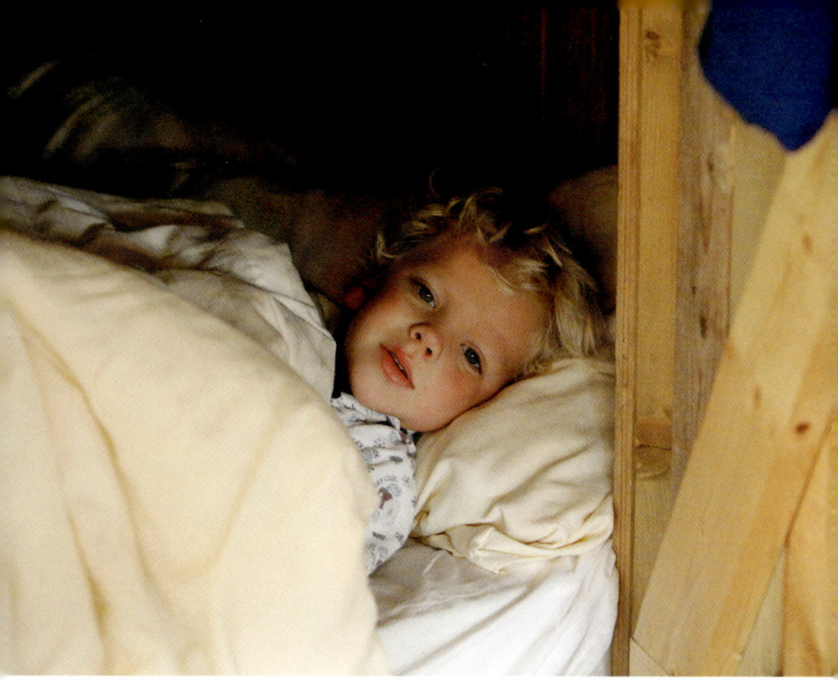

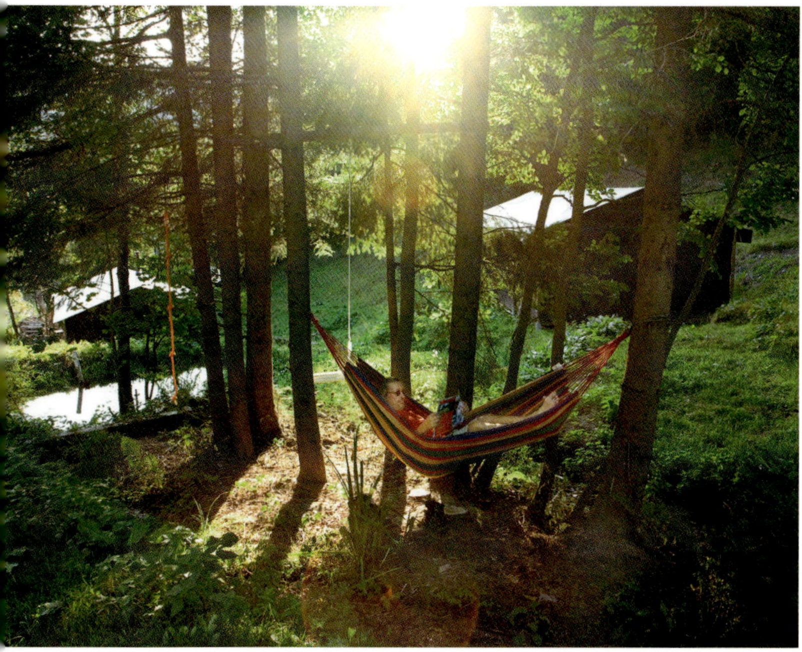

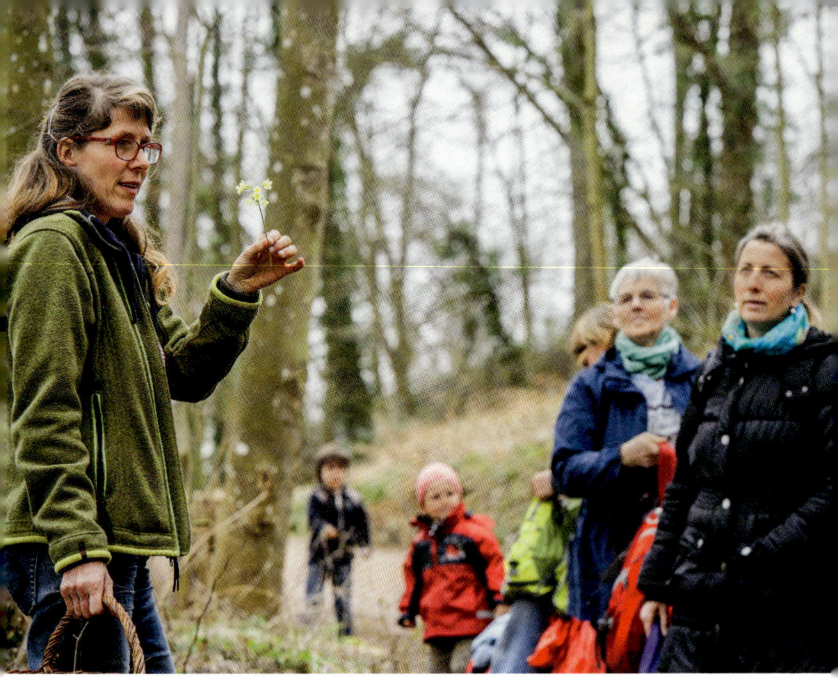

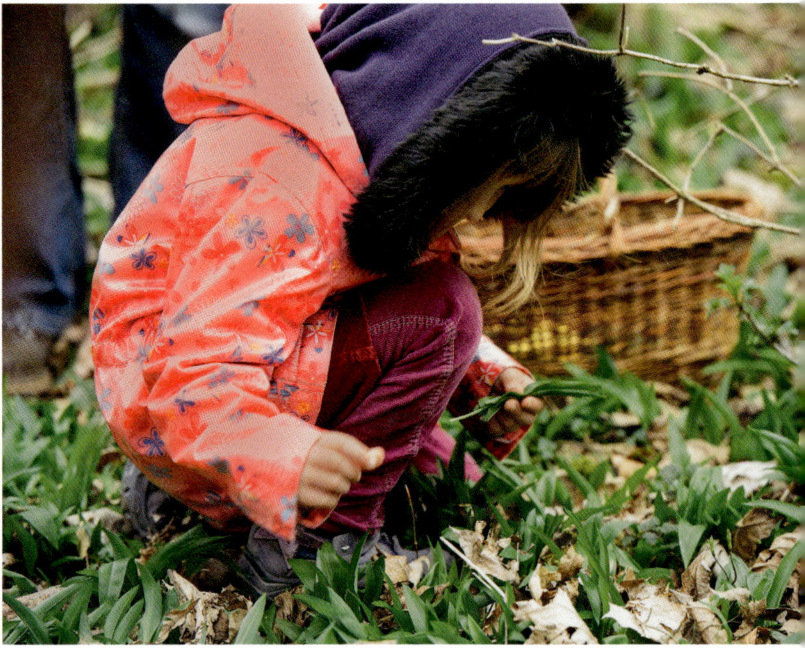

BEI DER ELZTÄLER KRÄUTERHEXE

Der Schwarzwald duftet: nach Harz, Tannennadeln und Kräuterwiesen. Und der Glaube an Hexen hat sich in diesem urwüchsigen Teil Deutschlands lange gehalten. Im Elztal bis heute, da gibt es schließlich eine Kräuterhexe. Nicole Kaiser ist inmitten der duftenden Yacher Käuterwiesen aufgewachsen.

Schon ihre Großmutter war Kräuterfrau, und die Mutter war noch kurz vor der Geburt ihrer Tochter Heidelbeeren pflücken. Die Frauen der Familie können seit Generationen nicht von der Natur lassen. Die Leidenschaft für das Wissen um die Heilkräfte und Nährstoffe der wilden Pflanzen steckt wohl in den Genen. Wenn Sie diese teilen wollen, können Sie bei der Kräuterexpertin Seminare besuchen und an Wanderungen (meist ab dem Bahnhof Elzach) teilnehmen. Aus den fleißig gesammelten Kräutern und Wildpflanzen wird dann ein buntes Wildkräuterbüfett bereitet, das gemeinsam verzehrt wird.

Wenn Sie mit Nicole Kaiser hinauf zu den duftenden Bergwiesen steigen, werden Sie viel Wissenswertes erfahren, zum Beispiel, dass Wildpflanzen deutlich mehr Mineralstoffe und Vitamine beinhalten als jene, die man kaufen kann. Sie brauchen ein geübtes Auge, um Kraut von Unkraut zweifelsfrei unterscheiden zu können. Die Tipps von Nicole Kaiser sind sicher ein guter Anfang, der Rest ist üben, üben, üben. Es ist schließlich noch keine Hexe vom Himmel gefallen. Wie lecker Fichtenspitzen schmecken und warum Farn gut gegen Rheuma ist, kann Ihnen die Kräuterhexe ebenso erklären wie die Heilung durch Kräuter nach Hildegard von Bingen. Dazu braucht es weder Molchesaug noch Unkenzehe, kein Eidechsenbein oder Flaum vom Kauz, diese Kräuterhexe kocht und lehrt rein vegetarisch. Und was in die Räucherbündel für die Rauhnächte muss, damit das Vieh gesund bleibt, weiß sie auch.

Wiesenkräuter sind ein Trend, den inzwischen auch viele Gourmetköche für sich entdeckt haben, und so finden sich Wiesenkümmel und Distelknospen in Waldkräutersauce oder Schlüsselblumenessig für viel Geld auf den Tellern der Edelküchen wieder. Selbstsammler sparen daher enorm.

Nicole Kaiser »Botschafterin für Wild- und Heilkräuter & Naturführerin«
www.arnica-wildkraeuterseminare.de · Haltestelle: Elzach Bahnhof, Bus 7206 ab Denzlingen

38 WINZER, WEIN UND WIEDEHOPF

Sie müssen weder Ornithologe noch Botaniker sein, um die Vielfalt der Pflanzen und Tiere am Kaiserstuhl schätzen und lieben zu lernen. In Deutschlands sonnengeflutetem Süden hat sich die Natur eine Heiterkeit bewahrt, die sich unweigerlich auf jene überträgt, die sich die Zeit nehmen, sie zu genießen.

Die Vogelvielfalt am Kaiserstuhl lockt sogar internationale Reisende, immer mehr englischsprachige Touren werden angeboten, »Birdwatching« eben. Manche suchen sich auch über das Internet Birdwatching-Freunde aus der Region, mit denen sie dann losziehen. Denn einfach nur losgehen und nach ein paar Vögeln und Pflanzen Ausschau halten, ist selten von sonderlich viel Erfolg gekrönt. Zwischen den Reben, auf den Rücken ehemaliger Vulkane, ist die hügelige Landschaft einzigartig, und Flora und Fauna sind vielfältig. Der Kaiserstuhl ist nur 16 Kilometer lang und knapp 13 Kilometer breit. Ein überschaubares Terrain. Dennoch bieten sich geführte Touren an. Das Angebot reicht von Tagesausflügen für Einheimische bis hin zu einer Woche all inclusive für Genussreisende. Neben einer Fotoausrüstung ist vor allem ein Fernglas hilfreich. Inzwischen gibt es gute Modelle, die sich auch den Sehschwächen anpassen lassen, so braucht man die Brille nicht aufbehalten, wenn man dem Wiedehopf beim Zwitschern zusehen möchte.

Das Angebot »Winzer, Wein und Wiedehopf« führt durch die Schönheiten des Kaiserstuhls. Der Wiedehopf, der sich inzwischen rasant vermehrt hat, der Wendehals und vor allem der ultrabunte Bienenfresser (als Geheimtipp gelten hier Badberg und Haselschacher Buck) locken immer wieder die Fotografen und Vogelkundler, ebenso wie Smaragdeidechsen, Orchideen sowie die sanfte und heitere Schönheit des Rebenlands. Dazu gibt es eine Winzervesper in den Weinbergen und eine Weinprobe beim Öko-Winzer.

Am Abend kehren Sie in Ihren gebuchten Gasthof zurück, der Wein und herzhafte Hausmannskost in gemütlichem Ambiente anbietet, hier können Sie die ereignisreichen Tage genussvoll ausklingen lassen.

Wiedehopf und Hefezopf · 5 Tage für 650 €
www.birdingtours.de · Haltestelle: Altvogtsburg, Bus 295

39 CHILL'N'SWIM AM HARTHEIMER

Baden am Bagersee gehört in Freiburg und dem Südschwarzwald zum Lebensgefühl. Wollen Sie an heißen Tagen nicht einfach nur am Dreisamufer sitzen oder versuchen, im Lorettobad ein ruhiges Plätzchen zu finden, dann fahren Sie raus in die Rheinebene und entspannen sich sonnend an einem der vielen Baggerseen.

Da Sie an heißen Tagen sicherlich nicht die einzigen sein werden, die diese Idee haben, sind die meisten Baggerseen auch alles andere als idyllisch. Es gibt spezielle Familienbaggerseen, die für Eltern mit Kindern alles bieten, was sie sich wünschen. Für ruhesuchende Sonnenanbeter sind sie dagegen nichts. Es gibt auch angesagte Seen, wo sich die Jugend laut vergnügt und nicht nur tagsüber, sondern auch noch bis spät in die Nacht hinein feiert.

Auch da sind Freunde der stillen Erholung eher fehl am Platz. Für solche gibt es den Hartheimer Baggersee, einen der ruhigsten in der Gegend. Kein Vergleich zu den lebhaften Badeseen wie dem Rimsinger.

Am Hartheimer gibt es einen Familienbereich, einen Jugendbereich und einen (nicht extra abgegrenzten) FKK-Bereich. Aber es gibt vor allem eins – ruhige Eckchen. Das liegt wahrscheinlich vor allem daran, dass der Weg vom Parkplatz zum See doch ziemlich lang ist. Radfahrer haben es da einfacher. Sie können bis zum See vorfahren. Fußgänger müssen schleppen, doch die Anstrengung lohnt. Das Wasser hat nachgewiesenermaßen seit Jahren eine gute Qualität und ist so intensiv blau, dass man sofort hineinsprigen möchte. Eintauchen und im kühlen Nass ausspannen. Wenn Sie also in Ruhe ein Buch lesen oder einfach nur in der Sonne dösen möchten, wenn Sie nach einer Partynacht einen Tag chillen wollen (es gibt auch genügend Schattenplätze rund um den See, ein großer Teil ist bewaldet) oder wenn Sie einfach nur im kleinen Kreis entspannt grillen möchten, sind Sie am Hartheimer genau richtig. Auf der Relaxskala von eins bis zehn bekommt er eine gute Acht.

Hartheimer Baggersee · Haltestelle: Hartheim Rathaus, Bus 7240 und 242, dann langer Fußweg, besser mit Auto oder Fahrrad

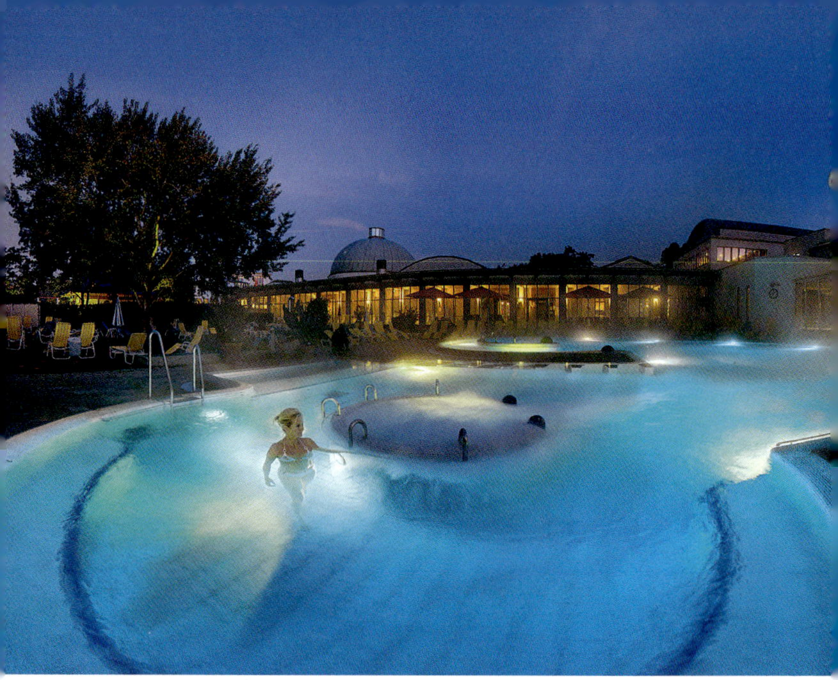

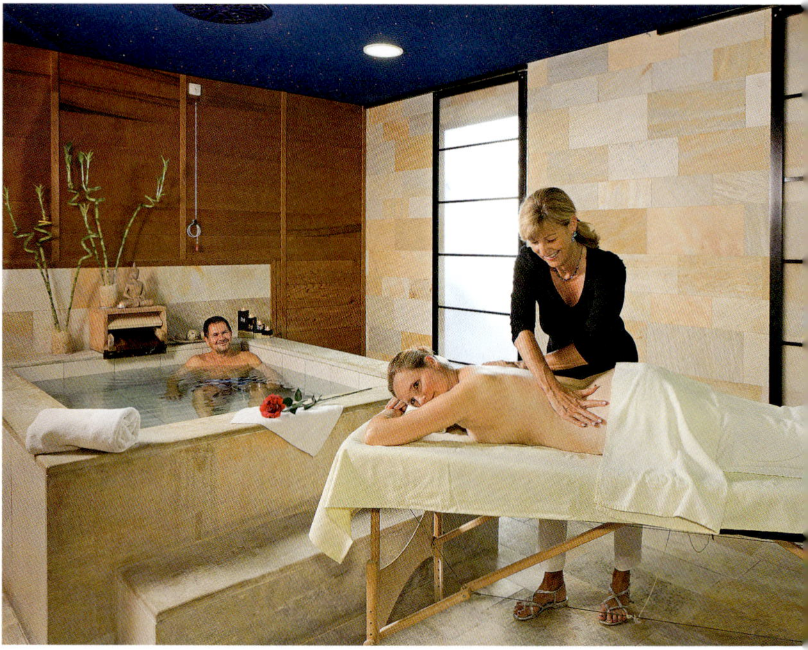

VON INDIEN ÜBER JAPAN NACH MAROKKO

Oder doch lieber in die Türkei? In Bad Krozingen können Sie weltreisen, ohne sich von der wohligen Wärme der Vita Classica Therme fortzubewegen. Die Therme bietet Anwendungen aus aller Herren Länder. Warum nach Indien reisen, wenn Ayurveda so nah sein kann. Sie müssen sich nur die Zeit nehmen.

In dem magischen Ambiente eines indischen Wohlfühltempels im warmen Wasser des großen Holzzubers (mit einem solchen hat in Bad Krozingen vor über hundert Jahren alles angefangen) entspannen und über die gewünschte Massage nachdenken, vielleicht »Abhyanga mit Shirodhara«, also eine entspannende Massage mit Stirnguss? Oder doch lieber ein echt türkisches Hamam-Erlebnis, bei dem wahre Märchenbilder im Kopf entstehen? Sie haben die Wahl zwischen Sultan oder Sheherazade, und natürlich fehlt auch die Seifenbürstenmassage nicht. Danach fühlt sich die Haut unvergleichlich klar und rein an. Fast wie ein Babypopo. Das japanische Ambiente ist edel und schlicht. Sie können in der Natursteinwanne einen Meersalzabrieb genießen und im Bambusgarten Körper und Geist vereint zur Ruhe kommen lassen. Den Kopf neigen und die innere Stille in sich versammeln.

Oder doch lieber nach Marokko? Hier wird mit Naturkosmetik gearbeitet, mit exotischen Zugaben wie Safran, der beruhigt und die Stimmung aufhellt. Arganöl dagegen stärkt die Immunkraft und fördert die Durchblutung. Die Berbermassage ist ein ganz ungewohntes Erlebnis, die fröhliche Lust am Wohlgefühl kommt mit den exotischen Düften Marokkos.

In der Kuppelhalle der Therme können Sie die wohlige Wärme des kohlesäurereichen Mineral-Thermalwassers genießen, bis der Alltag sich von der Seele löst. Wellness geht hier nicht nur exotisch, sondern auch ganz klassisch. Vor allem bei Paaren ist Entspannung in Bad Krozingen sehr beliebt. Die Fahrt lohnt also auf alle Fälle, denn so schnell kommen Sie mit dem Auto nicht nach Marokko, Indien oder Japan. Und schon gar nicht so erholt.

Vita Classica · Therme tgl. 8.30–21.30 Uhr, Sauna tgl. 10–21.30 Uhr · Kurgebiet
79189 Bad Krozingen · Tel. 0 76 33/4 00 81 40 · www.bad-krozingen.info
Haltestelle: Bahnhof Bad Krozingen RB, RE

41 DER SCHÖNSTE SONNENUNTERGANG

Hoch oben, am Ausgang des Münstertals, thront die romantische Burgruine Staufen auf dem letzten Hügel, der Rest ist weites Markgräfler Land, die Rheinebene und drüben, auf der anderen Seite, die Vogesen. Dort, hinter den blauen Hügeln im Westen, gibt es die schönsten Sonnenuntergänge weit und breit.

Die Liste der Top-Sonnenuntergänge der Welt ist lang. Ob in der Karibik, bei den wuchtigen Steinen von Stonehenge in England, in Key West (USA) oder am Ayers Rock in Australien, die Sonne sinkt dramatisch und orange bis glutrot, bevor die Nacht alle Farben verschluckt. So schön die berühmten Sonnenuntergangsspots der Welt auch sind, oft sind sie viel zu bevölkert. An der Praia do Arpoador in Rio de Janeiro zum Beispiel ist an wolkenfreien Abenden die Hölle los, da kann keine Romantik aufkommen, ganz egal, wie viele Caipirinhas man trinkt, während man der Sonne beim Sinken zuschaut.

Wen nach dem Schauspiel der Hunger plagt, der bekommt in der Pizzeria Sonne in der Albert-Hugard-Straße 1 leckeres und original italienisches Essen.

Doch warum in die Ferne schweifen, wenn das Farbenschauspiel doch so nah ist. Auf 375 Metern über dem Meer sind Sie hoch genug über der Ebene, um den Blick ungehindert gen Westen schweifen zu lassen. Der Burgberg ist ausreichend groß und vermittelt auch mehreren Sonnenuntergangstouristen das Gefühl, allein mit dem Naturschauspiel zu sein. Schon die Römer hatten hier einen Wachturm errichtet. Ob sie auf den Mauern standen mit ihren ledernen Sandalen und den glänzenden Helmen, die Augen gen Westen gerichtet, wo das magische Farbenspiel an heißen Sommerabenden über der Ebene flimmerte? Schwedische Truppen besetzten die inzwischen unbewohnte Burg der Staufer im Dreißigjährigen Krieg und brannten sie 1632 nieder. Ob die Flammen wohl heiß in einen blutroten Sonnenuntergang züngelten? Sie können über viele Dinge nachdenken, da oben auf dem Burgberg, während Sie dem Farbenspiel des Sonnenuntergangs zuschauen.

Burg Staufen · Haltestelle: Staufen Bahnhof, Bus 7240 bis Staufen Bahnhof, dann zu Fuß den Burgberg hinauf

TRIBUTE VON WYHLEN – MIT PFEIL UND BOGEN

Die Atmung wird ruhig, das Herz klopft. Es muss ruhig sein. Dann die Scheibe genau fixieren, totale Konzentration löscht alle anderen Gedanken und Empfindungen aus, das ist der Moment, in dem Sie loslassen müssen, und der Pfeil fliegt. Nur wer richtig loslassen kann, der trifft. Das ist ein Grundprinzip des Sports.

Bogenschießen hat einen ausgeprägt meditativen Aspekt. Sie müssen zur Ruhe kommen, um gut schießen zu können. Der Körper geht von der Anspannung in die Entspannung über in einem anhaltenden Kreislauf, ein stilles Sich-Finden. Bogenschießen ist für Männer und Frauen gleichermaßen geeignet. Ebenso für Kinder. Die Auswahl des Bogens und dessen Zugkraft richtet sich nach Kraft und Körpergröße sowie Körpergewicht. Sportschützen halten mit drei Fingern ein Zuggewicht von 20 Kilogramm, das entspricht etwa dem Gewicht von zwei Kästen Bier. Man hat Skelette von englischen Langbogenschützen aus dem Mittelalter gefunden, die eine deformierte Schulter hatten. Spätfolgen einer Bogenschützenkarriere im Hundertjährigen Krieg. Doch jene Bogenschützen übten auch täglich mehrere Stunden.

In Grenzach-Wyhlen können Sie an einem Bogenschieß-Schnupperkurs teilnehmen. Die Trainer sind jederzeit bereit, einen Neuling für ihren Sport zu begeistern. Einfach anrufen oder mailen und einen Termin ausmachen; sind Sie Linkshänder, sollten Sie das erwähnen, denn das erfordert einen anderen Bogen. Nach kurzer Einweisung können Sie unter Aufsicht schießen. Es dauert eine Weile, bis sich der Erfolg einstellt, aber nicht lange. Im Winter wird in der Halle geschossen, doch das wahre Bogenschieß-Feeling kommt im Sommer auf, wenn die bunten Scheiben in der Sonne glänzen und man in der klaren Luft des Südens Ruhe und Entspannung findet: ziehen, zielen, lösen, treffen.

Ob man von Robin Hood fasziniert ist, die »Tribute von Panem« liebt oder bei Olympia gerne Bogenschießen schaut. Ein Selbstversuch ist der beste Weg herauszufinden, ob ein Bogenschütze in einem steckt.

Bogensportclub Grenzach-Wyhlen · Ritterstraße 72 · 79639 Grenzach-Wyhlen · Tel. 0 76 24/777 94
www.bogensportclub-grenzach-wyhlen.de · Kontaktanfrage für Schnupperkurs
kontakt@bogensportclub-grenzach-wyhlen.de · Haltestelle: Bahnhof Grenzach, RB

MAL WIEDER
ZEIT FÜR
KULTUR!

43 WASSERSPEIER-SPASS AM MÜNSTER

Schreckliche Fratzen, wilde Tiere, nackte Frauen und zahnlose Nonnen säumen den filigranen Kirchturm des Freiburger Münsters. Wenn Sie vor dem Eingang des Münsters stehen, werden sie Ihnen verschwindend klein erscheinen, doch sie sind riesig, zum Teil überlebensgroß. Bei den 91 Wasserspeiern lohnt der Blick aufs Detail.

Mittelalterliche Steinmetze gehören zu einer Berufsgruppe, die eifrigen Lesern aufs Beste vertraut ist. Ob einstürzende Kirchen in Ken Folletts »Säulen der Erde« oder geheime Steinzeichen in Dan Browns »Sakrileg«, Leser wissen, welche Gefahren im Stein lauern und welche Geheimnisse ein Steinmetz in aller Öffentlichkeit verbergen kann. Das Freiburger Münster steht da der schottischen Rosslyn Chapel südlich von Edinburg in nichts nach. Sie sollten nur wissen, wo Sie hinsehen müssen. Im Fall des Freiburger Münsters vor allem in eine Richtung: nach oben.

Fernglas mitnehmen oder einen Besuch im Augustinermuseum (siehe S. 90) machen. Dort sind mehrere Originalwasserspeier ausgestellt, unter anderem die sieben Todsünden.

Ein ganz besonderer Wasserspeier ist Sinnbild für den badischen Humor: ein nackter Hintern, der hoch oben keck aus der Kirche herausragt. Ein kleiner Scherz vom Steinmetz, der offenbar nicht glücklich über den Erzbischof und dessen laxe Zahlungsmoral war. Und so streckte er dem erzbischöflichen Palais gegenüber einen nackten Hintern aus Stein entgegen. Man darf annehmen, dass es eine Weile gedauert hat, bis diese Frechheit entdeckt wurde. Zumal der Erzbischof erst viel später in das Palais einzog.

Wenn Sie sich Ihren Blick für versteckte Details bewahrt haben, finden Sie viel Aufregendes und auch Lustiges unter den Wasserspeiern. Acht von ihnen sind übrigens »trocken«, sie speien kein Wasser, da sie an keine Wasserrinne angeschlossen sind. Der Rest ist tatsächlich nicht nur schön, sondern auch funktional und dient dazu, bei Regen die Wassermassen weg vom Münster zu leiten. In den meisten Fällen haben sich die Originale gut gehalten.

Freiburger Münster · Münsterplatz · 79098 Freiburg · Tel. 07 61/20 27 90
Haltestelle: Bertholdsbrunnen, Stadtbahn S1, S2, S3, S4

QUEEN VICTORIA UND DIE FREIBURGER BÄCKER

Die Freiburger haben im frühen 15. Jahrhundert den Weihnachtsbaum erfunden. Auch wenn sich das durch keine historischen Quellen belegen lässt, so ist man sich in Freiburg sicher, dass es nur hier gewesen sein kann. Freiburger Bäcker hängten Naschwerk an eine Tanne, das Kinder an Neujahr essen durften.

Doch wie kam die Weihnachtsbaumtradition ins englische Königshaus? Wie auch heute noch in den meisten Familien üblich, brachte der Mann den Baum mit nach Hause. Das ist auch in Königsfamilien nicht anders. Queen Victoria, Romantikerin und Politikerin zugleich, war eine imponierende Gestalt voller Widersprüche. Sie liebte ihren deutschen Ehemann Prinz Albert von Sachsen-Coburg und Gotha abgöttisch und erzog ihre zahlreichen Töchter und Söhne mit Strenge und Traditionsbewusstsein.

> Handgemachten Christbaumschmuck gibt es auf dem Weihnachtsmarkt in der Altstadt, wo weit über hundert Stände vor allem regionales Kunsthandwerk anbieten.

Für das Volk wurde das Familienleben am englischen Königshaus im 19. Jahrhundert förmlich zelebriert. Die Pflege althergebrachter Traditionen und die Erschaffung neuer, das, so war sich das Herrscherpaar einig, war das Ziel. Und da kamen die Freiburger ins Spiel.

Der Freiburger Weihnachtsbaum, Inbegriff der familiären Heimeligkeit, hatte es der Queen angetan. Albert, der seine Kinder über alles liebte, hatte schöne Erinnerungen an seine Jugendjahre in Deutschland und die Weihnachtszeit mit dem kunstvoll geschmückten Weihnachtsbaum. So kam die Freiburger »Erfindung« nach London. Bilder der Königsfamilie unter dem Weihnachtsbaum gingen um die Welt und schufen eine Tradition auf der Insel, die ihren Ursprung vor mehr als 600 Jahren in Freiburg hat.

Heute ersetzen meist Kugeln und Figuren das Naschwerk der Bäcker, doch das Freiburger Original schmeckt nicht nur besser, es sieht auch viel schöner aus. Auf der Insel glitzert es an künstlichen Bäumen.

Weihnachtsmarkt · Ende Nov.–Ende Dez. · Rathausplatz · 79098 Freiburg
Haltestelle: Bertholdsbrunnen, Stadtbahn S1, S2, S3, S4

BILDTEPPICHE – CO-MICS AUS DEM MITTEL-ALTER

Wie oft kommen Sie aus einem Museum heraus und sind wie erschlagen von all dem, was Sie da gesehen haben? Deshalb lieber auf einen ganz besonderen Teil wie die Bildteppiche im Augustinermuseum konzentrieren und danach bei einem Cappuccino darüber sinnieren.

Der Malererteppich, auch Weiberlistenteppich genannt, ist ein besonders schönes Exemplar des Museums und erzählt von der Minne wie so viele Wandteppiche jener Zeit. Doch diese Bilder zeigen die verschiedenen Tricks, mit denen Frauen Männer verführen und manipulieren, die Leidtragenden sind Samson, Aristoteles und Iwein. Die »Weiberlist« ist dargestellt mit einem »guten« und einem »schlechten« Bild. Sozusagen die Dos and Don'ts. Das letzte Bild stellt die eine wahre Minne und damit das Idealbild der mittelalterlichen Frau dar.

> Das Augustinermuseum veranstaltet regelmäßig Konzerte. Das Klangerlebnis in der Skulpturenhalle ist außergewöhnlich, das Ambiente ist es ohnehin.

Der Marienteppich, ein weiteres Prachtstück, gehört zu den wichtigsten Werken seiner Art. In ihm sind die freudigen Momente im Leben Marias dargestellt. Spruchbänder, so wie man sie aus Comics kennt, kommentieren die Ereignisse. Das Einhorn versinnbildlicht die Verkündigung. Das Fabelwesen stand im Mittelalter für die Gottesmutter, für Jungfräulichkeit und das Gute schlechthin und ist vor allem aus französischen Darstellungen bekannt. Beeindruckend sind auch die vielfältigen Pflanzen und Tiere.

Der Weihnachtsteppich ist ein späteres Werk vom Oberrhein (1501). Dieser mutet erstaunlich modern an, denn während die Jungfrau Maria von Licht umflutet niederkniet und das nackte Neugeborene anbetet, bereitet »Hausmann« Josef das Essen zu. Schauen Sie genau hin, dann werden Sie viele spannende Details entdecken, so hat etwa ein Schaf einen richtigen Pelz, einen flaumigen Puschel inmitten des komplexen Wandteppichs.

Augustinermuseum · Di–So 10–17, Fr 10–19 Uhr · Augustinerplatz · 79098 Freiburg

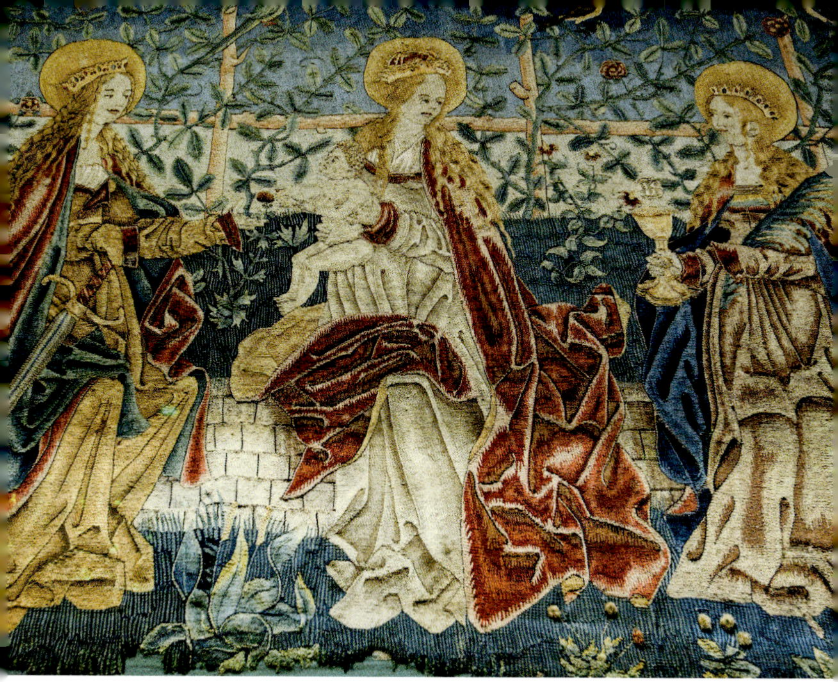

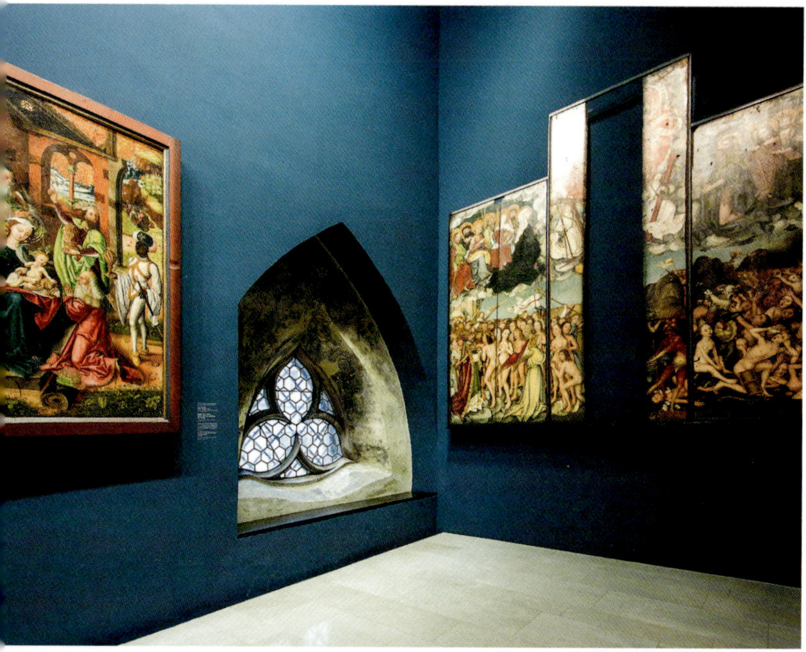

46 AMERIKA KOMMT AUS FREIBURG

Ja, entdeckt hat Amerika Christoph Kolumbus, sieht man mal von diversen Theorien ab, dass die Wikinger schon vor den Portugiesen da waren. Und eigentlich wollte der Seefahrer ja auch Indien entdecken. Und Amerika hieß es auch nicht. Bis zu diesem Freiburger Irrtum.

Martin Waldseemüller hat Amerika erfunden. Aus Versehen. Der in Wolfenweiler geborene Waldseemüller war gegen Ende des 15. Jahrhunderts Student der Freiburger Universität, und er wuchs genau auf dem Gelände auf, wo heute das Kollegiengebäude III (KG III) der Uni Freiburg steht. An der Universität lernte er die Grundlagen der Kosmografie, also der Erdkunde und Kartografie. Im Jahr 1507 gab er dann eine der bedeutendsten Weltkarten heraus, die einen folgenschweren Fehler hatte. Waldseemüller dachte wohl, Amerigo Vespucci habe das Land im Westen entdeckt, und nannte es darum prompt America. Seine Karten wurden zu Standardwerken jener Zeit, ihre weltweite Verbreitung nach dem Irrtum zum Problem. Vergeblich versuchte er, America in späteren Ausgaben in »Das Land, das Columbus für den König von Castilien entdeckt hat« umzubenennen. Womit er, wenig überraschend, nicht erfolgreich war, bei der Länge des Namens. Später wollte Waldseemüller das Land sogar Brasilien oder Papageienland nennen. Auch diese Versuche scheiterten.

Landkarten, Reiseführer und Globen im Überfluss bietet die Buchhandlung Landkartenhaus in der Schiffstraße 6.

Wie ein Fehler die Welt eroberte, können Sie in der Universitätsbibliothek nachverfolgen, dort ist noch die ursprüngliche Begleitschrift zu den Karten vorhanden. Die Karten selbst liegen inzwischen in der Bibliothek des US-Kongresses in Washington. Die große Weltkarte Waldseemüllers wurde von Bundeskanzlerin Angela Merkel 2007 an die Vereinigten Staaten von Amerika übergeben. Sie misst stolze drei Quadratmeter. Am KG III, wo das Elternhaus von Martin Waldseemüller einst stand, befindet sich noch heute eine Plakette. Zum 500. Jahrestag der Karte gab es außerdem eine Sonderbriefmarke.

Universitätsbibliothek · Mo–Fr 8–18, Sa 10–18 Uhr · Platz der Universität 2 · 79098 Freiburg
Tel. 07 61/2 03 39 00 · www.uni-freiburg.de · Haltestelle: Stadttheater, Stadtbahn S1, S2, S3, S4, S5

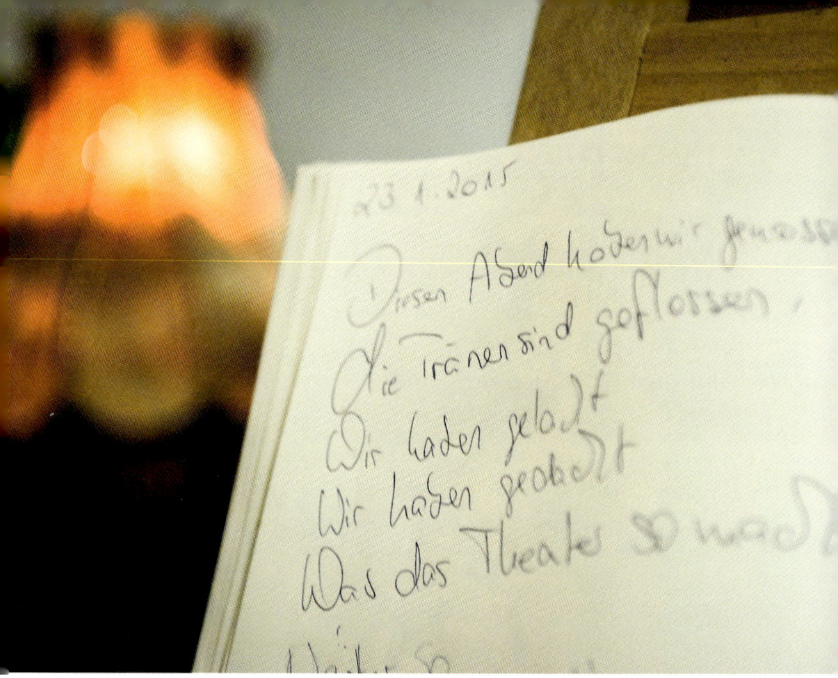

23.1.2015

Diesen Abend haben wir genossen,
die Tränen sind geflossen,
Wir haben gelacht
Wir haben geadhat
Was das Theater so macht?

Ä MUGGESÄCKELE WUNDERFITZIG

Dialekte sind identitätsstiftend, die einen mehr, die anderen weniger. Im alemannischen Sprachraum ist der Dialekt eine ungemein wichtige Ausdrucksform eines ganz besonderen Lebensgefühls – ebenso in wie auch um Freiburg. Vielleicht gerade weil die Stadt so viele Menschen aus anderen Regionen Deutschlands anzieht.

Die alemannische Dialektgrenze zieht sich grob von Singen in einer Welle bis Freiburg und Colmar. Nördlich dieser Grenze wird schon wieder ganz anders »g'schwätzt«. Obwohl man es gemeinhin mit der Region Südbaden gleichsetzt, ist das Alemannische tatsächlich länderübergreifend: In der Schweiz, im Elsass und in Liechtenstein wird es gesprochen, und in Venezuela gibt es sogar eine kleine alemannische Enklave einstiger Auswanderer vom Kaiserstuhl.

> Für das leibliche Wohl vor und nach der Vorstellung sorgt die Theaterwirtschaft. Auch in den Pausen können Sie eines der regionaltypischen Gerichte bestellen.

Die Alemannische Bühne in der Gerberau versteht sich als Mundart-Theater und zeigt sowohl eigenproduzierte Stücke als auch Comedy, Kabarett und Musiktheater aus dem Dreiländereck. Heimat international. Die Bühne ist in Freiburg eine Institution und hat in all den Jahren den sich wandelnden Geschmack des Publikums ohne Probleme überdauert. Ein eindeutiges Zeichen für die Qualität der Darbietungen.

Alle Stücke sind auch für Nicht-Badener verständlich, sagt das Programmheft, doch ein wenig Vorbereitung kann nicht schaden. Hier finden Sie ein paar wichtige alemannische Vokabeln: »Lumbeseggel« (Nichtsnutz), »Schlabba« (Hausschuhe), »Zwuggel« (kleine Person), »wunderfitzig« (neugierig), »Muggesäckele« (ein wenig), »rumfuchtle« (gestikulieren). Wenn Sie das berühmte »Chuchichäschtli« unfallfrei aussprechen können, beherrschen Sie Alemannisch. Die Rede ist bei diesem Zungenbrecher übrigens von einem kleinen Hängeschrank in der Küche und hat mit Kuchen nichts zu tun. Richtig ausgesprochen, klingt es, als hätte man Halsschmerzen.

Alemannische Bühne · Karten Mo–Fr 8–19 Uhr · Gerberau 15 · 79098 Freiburg · Tel. 07 61/3 92 29
www.alemannische-buehne.de · Haltestelle: Bertholdsbrunnen, Stadtbahn S1, S2, S3, S4

48 FUNK UND FERNSEHEN: HINTER DEN KULISSEN

Ob im Rathaus die politischen Wellen hoch schlagen, die Schwarzwälder Milchbauern gegen EU-Richtlinien protestieren oder der Papst zu Besuch kommt, der SWR Freiburg ist vor Ort: regionale Berichterstattung in Funk und Fernsehen. Der Blick hinter die Kulissen ist kostenlos.

»Kannst du mir da noch zwei, drei Sekunden mehr geben und den Ton ein bisschen vorziehen?«, bittet die Redakteurin im Schnittplatz 1 ihren Cutter. Sie arbeiten an einem Hintergrundstück über eine Brandserie, das am Abend in der Landesschau laufen soll. Überall leuchten Regler, Monitore zeigen den geschnittenen Film und das gedrehte Material. Während der Cutter den Ton vorzieht, schreibt die Redakteurin die Anmoderation und stellt ihn ins System, dann kann ihn der Moderator in Stuttgart lesen und für seine Bedürfnisse umformulieren.

> Wenn Sie nach so viel Radio und Fernsehen Hunger haben, sollten Sie bei Sedirs Kebab einen Döner holen. Vegetarische Spezialität ist Sikma, gerollter Yufka-Teig mit Schafskäse.

Ein Stockwerk höher wird Radio gemacht. Im Studio sitzt der Moderator mit dicken Kopfhörern vor seinem Mikrofon, spricht und winkt der Gruppe zu. Dann fährt er den nächsten Musiktitel ab. Manchmal hat er während der laufenden Sendung sogar Zeit für ein Schwätzchen mit den Besuchern. Hinter einer Glasscheibe können Sie in der Senderegie live dabei sein. Der SWR Freiburg hat zweimal täglich ein eigenes Programm auf SWR4. Und wenn Sie noch nicht wussten, was ein Hinz-Triller ist, dann finden Sie auch das heraus.

Von der Ortenau im Norden bis nach Frankreich im Westen, in die Schweiz im Süden und nach Donaueschingen im Osten erstreckt sich das Sendegebiet des SWR Freiburg. Das Gebäude in der Kartäuserstraße war früher eine Garnspinnerei, nun wird darin jede Menge Radio- und Fernsehprogramm produziert. Auf Anfrage (Wartezeit drei bis vier Monate) können Sie das bei einer Gruppenführung von zehn bis 25 Personen miterleben.

SWR Freiburg · kostenlose Besichtigung Di und Do, Anmeldung bei Uschi Kemény
Kartäuserstraße 45 · 79102 Freiburg · Tel. 07 61/3 80 83 51 05 · www.swr.de
Haltestelle: Schwabentorring oder Brauerei Ganter, Stadtbahn S1

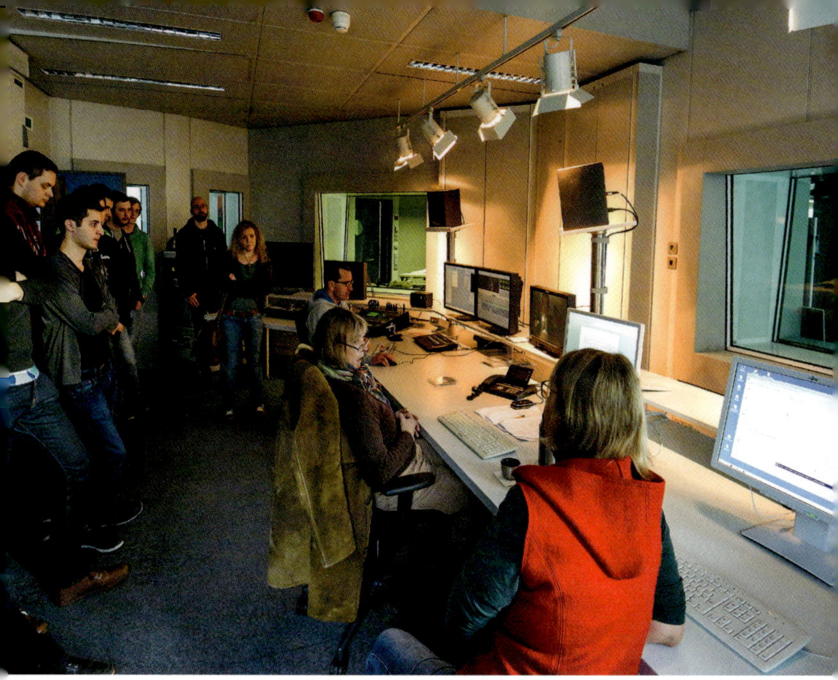

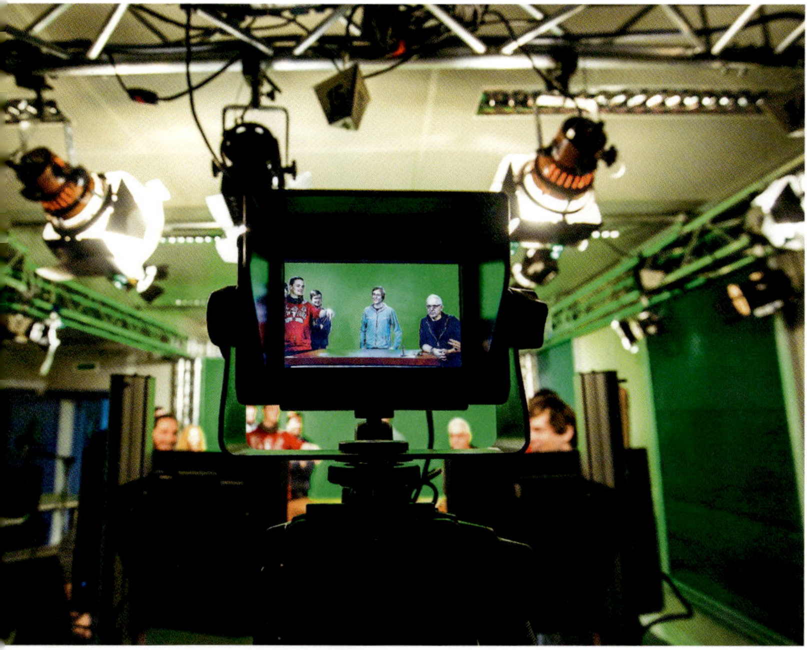

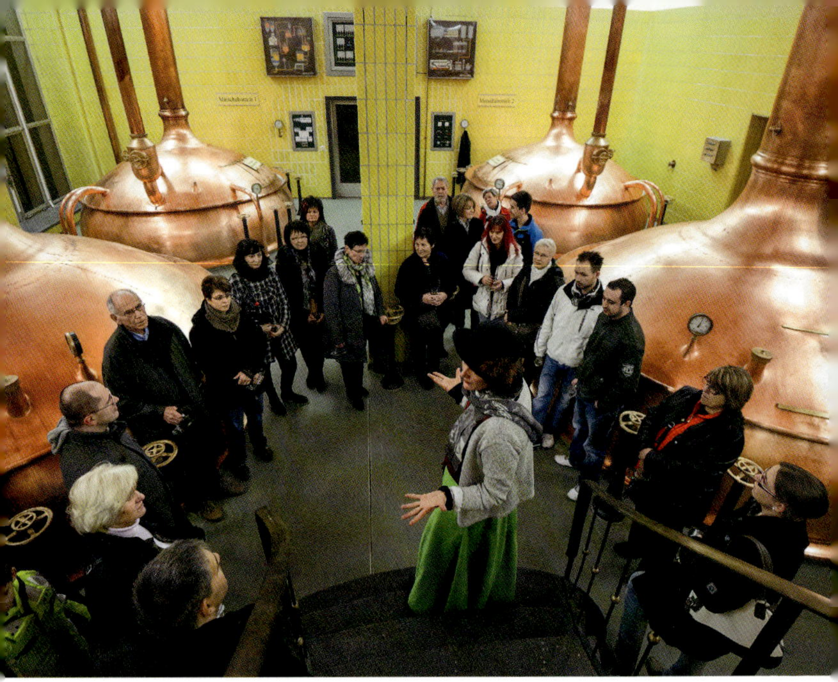

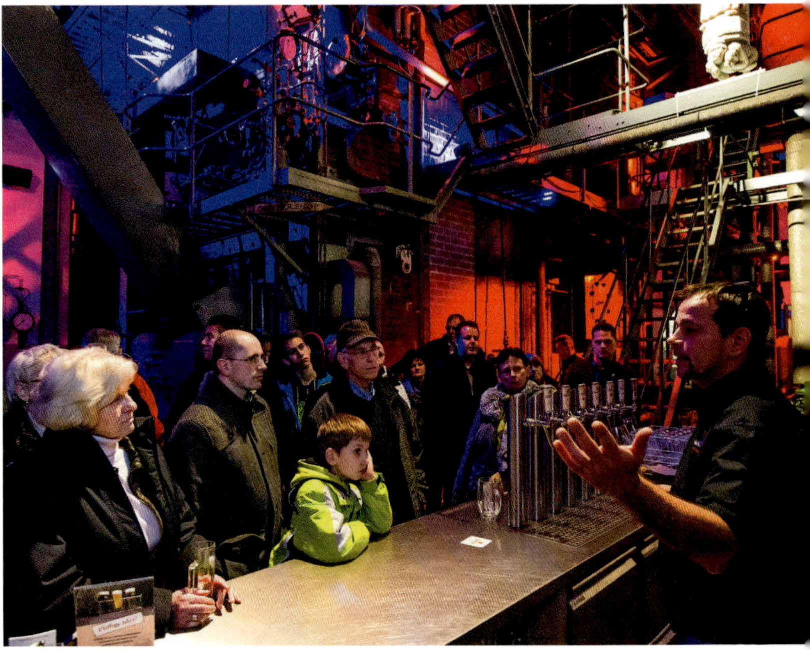

VOLLMOND UND MAGISCHER HOPFEN

49

Es ist ein Bier aus dem Herzen der Stadt. Denn das erste Ganter wurde in der Schiffstraße gebraut, 1865, als in Amerika der Bürgerkrieg zu Ende ging und Wilhelm Busch »Max und Moritz« veröffentlichte. Freiburg brachte derweil ein Pils und ein Lagerbier in die Wirtshäuser.

Die kleine Hausbrauerei von Ludwig Ganter musste bald nach der Gründung expandieren, so gut lief das Gebräu. Der Familienbetrieb hat den Weg durch die Generationen geschafft und die badische Heimat und ihr Lebensgefühl nie verlassen. Seit 1877 steht das moderne Brauhaus an der Schwarzwaldstraße und ist nun eine regionale Biermanufaktur. Mit neuen Standards in Innovation und Technik, und es wird – typisch Freiburg eben – umweltbewusst produziert.

> Weil bei Ganter wie überall in Deutschlands Brauereien das Reinheitsgebot herrscht, sind alle Biere auch für Diabetiker geeignet.

Offene Brauereiführungen finden regelmäßig statt, möchten Sie eine individuelle Führung, können Sie diese für Gruppen ab 15 Personen gesondert buchen. Dabei finden Sie auch heraus, warum ein Schwarzbier wie das Magisch Dunkel unbedingt bei Vollmond gebraut werden muss.

Der Weg des Wassers für sämtliche Biere der Brauerei Ganter könnte nicht romantischer sein: Es entspringt als reine Quelle im Schwarzwald und kommt vom Höllental über Himmelreich schließlich im 20 Meter tiefen Brunnen der Brauerei an. Dort wartet es auf seine Verwandlung.

Wissen Sie eine feste Schaumkrone auf dem frisch gezapften Bier zu schätzen, könnte es Sie auch interessieren, wie der feine weiße Schaum dort hinkommt. Hefe, Malz, Hopfen und Wasser, klingt einfach, ist aber eine Kunst. Braukunst eben. Auch wenn die einst berühmte Sieben-Minuten-Pilskrone inzwischen überholt ist, ein fester Schaum ist auch bei modernen Bieren gefragt. Die Brauerei braut eine Vielzahl ganz unterschiedlicher Biere. Das Wodan ist ein dunkler Doppelbock, der Urtrunk ein naturtrübes Zwickelbier Und das Magisch Dunkel eben ein Vollmondbier.

Brauerei Ganter · offene Führungen Fr 18 und 19 Uhr und auf Anfrage · Schwarzwaldstraße 43 79117 Freiburg · Tel. 07 61/2 18 56 00 · www.ganter.com · Haltestelle: Brauerei Ganter, Stadtbahn S1

»FUSSLÜMMELEI« AM ENGLÄNDERPLATZ

50

Ein funkelnagelneues modernes Stadion steht nun dem Fußballverein SC Freiburg zu Verfügung, das im Norden der Stadt gleich neben dem Flugplatz errichtet wurde. Hier liegt die Zukunft des Fußballs im Breisgau. Seine Vergangenheit liegt am Alten Messplatz, irgendwo zwischen der Stadthalle und dem Einkaufszentrum.

Kick-off war 1889. Englische Militärkadetten jagten hier dem Ball hinterher, deshalb hieß er damals Engländerplatz. Oberst Henry Bradley Roberts schulte hier junge Engländer für den Militärdienst. Bald kamen Schüler aus den umliegenden Gymnasien dazu. Keine acht Jahre später entstanden die ersten Vereine an den Schulen. Die Freiburger aber fanden wenig Gefallen an dem lauten und schmutzigen Treiben. Von »Fußlümmelei« war die Rede. Der kleine Fußweg hinter dem Einkaufszentrum heißt noch heute Lümmelweg.

> Die Engländerkapelle in der Turnseestraße erinnert an jene Kicker. Heute eine Kirche der Seventh-Day-Adventists, eine Freikirche amerikanischen Ursprungs. Sie ist offen für Besucher.

Der Anfang des Freiburger Fußballs war also englisch. Als die englischen Kadetten wegen des Burenkriegs abgezogen wurden, übernahmen die Freiburger Studenten den Platz und kickten fortan für den FFC. An der Universität aber war man »not amused« und steckte einen Studenten sogar einmal für sechs Stunden in den Karzer, weil er in Straßburg gespielt hatte. Mit einer derartigen Sportfeindlichkeit müssen heutige Studenten nicht mehr rechnen. Hundert Jahre später sollte man an der Dreisam sogar von Breisgau-Brasilianern sprechen. Das waren die Zeiten, als georgische Spieler wie Alexander Iashvili und Levan Kobiashvili mit südamerikanischem Kurzpassspiel den Breisgau beglückten. 1907 wurden die Freiburger Deutscher Meister. Ein Erfolg, der zum Leidwesen der vielen Fußballfans in Freiburg seither nie mehr wiederholt werden konnte. Das Siegtor machte Joseph Glaser, der in Waltershofen sonntags früh immer erst die Orgel in der Kirche spielte, bevor er zu Fuß 25 Kilometer zum Fußball lief. Mannschaftsbusse sollten erst viel später Einzug halten.

Alter Messplatz · 79102 Freiburg · Haltestelle: Alter Messplatz, Stadtbahn S1

51 NOSTALGIECHARME UND POPCORNDUFT

Der Kandelhof ist nicht das älteste Kino in Freiburg, wohl aber das mit dem meisten Traditionsbewusstsein. Es ist ein klassisches Programmkino mit ausgewähltem Filmangebot, es zeigt Filme in Originalfassung und veranstaltet Festivals oder spezielle Filmnächte. Wenn Sie es alternativ und charmant statt groß und kommerziell mögen, sind Sie hier genau richtig.

Schon um 1900 hatten fahrende Schausteller auf dem Messplatz im Stühlinger Filme vorgeführt. Im Jahr 1948 war es dann auch im Kandelhof so weit. Ein Saal, ein kleines Foyer mit Popcornmaschine, ein Film mit Anspruch. Der arg strapazierte Spruch von Klasse statt Masse trifft auf den Kandelhof zu wie auf kein anderes Kino im Breisgau.

Kino Kandelhof · Kandelstraße 27 · 79106 Freiburg · Tel. 07 61/28 37 07
www.friedrichsbau-kino.de · Haltestelle: Rennweg, Stadtbahn S2, Bus 23

52 KINDER, KINO UND KULTUR

Und gleich noch ein Kinotipp, der sich diesmal aber vor allem an Familien richtet: Das KoKi – Kommunales Kino Freiburg – ist ein nichtkommerzielles Kino, das seit 1981 den Alten Wiehrebahnhof bewohnt. Unter dem Motto »Andere Filme anders zeigen« wendet es sich an ein Publikum, das Unterhaltung jenseits des Mainstreams sucht.

Die Programmarbeit dehnt sich auch auf die jungen Zuschauer aus. »Kinderkino – Immer wieder sonntags« nennt sich das Format für Kinder und Jugendliche. Präsentiert werden Kinderfilm-Neustarts aus aller Welt, aber auch Altbekanntes und Beliebtes aus der Filmgeschichte. Während Ihre Kleinen gebannt das Geschehen auf der Leinwand verfolgen, können Sie sich im Kinocafé bei Kaffee und Kuchen die Zeit vertreiben.

KoKi – Kommunales Kino · Kinderkino So 15.30 Uhr
Urachstraße 40 · 79102 Freiburg · Tel 07 61/4 59 80 00 · www.koki-freiburg.de
Haltestelle: Lorettostraße, Stadtbahn S2

Kandelhof
DIE SPRACHE DES HERZENS
Ab 1. Januar im Kino
FRAU MÜLLER MUSS WEG!

ALTER WIEHREBAHNHOF
film forum

ERDINGER

Jesuitenschloß
Merzhausen
Stiftungsweingut
Freiburg

FREIMAURER IN FREIBURG

Romantisch, geheimnisvoll, gefährlich, verboten – die Liste der Adjektive, die die meisten Menschen mit den Freimaurern in Verbindung bringen, lässt sich beliebig fortsetzen. Und vermutlich haben auch Sie Dan Brown gelesen und waren sehr fasziniert von den dunklen Geheimnissen des Bundes.

Die Freimaurer selbst beschreiben ihre Grundsätze mit drei Substantiven: Menschlichkeit, Toleranz und Brüderlichkeit. Darüber hinaus pflegen sie Verschwiegenheit und Diskretion. Die beiden letzten Attribute haben wohl dazu geführt, dass man im Wirken des geheimen Bundes alles Mögliche vermutete. Doch was sind sie wirklich? Das können Sie am besten bei einem Besuch herausfinden. Die Freiburger Freimaurerloge befindet sich in Merzhausen auf dem Schönberg, direkt hinter dem Jesuitenschloss. Die Loge Aquarius ist ein gelber Neubau, unscheinbar und unauffällig. Hier finden regelmäßig Logenabende mit Gästen statt (Termine entnehmen Sie der Homepage).

Vor der Aufnahme steht ein langer und intensiver Kennenlern-Prozess, an dessen Ende im Falle einer positiven Entscheidung der Loge die Initiation mit ihren besonderen Ritualen steht. Jene Rituale, die in Film und Literatur Stoff für die wildesten Spekulationen bieten und geboten haben.

Winston Churchill, Duke Ellington, Friedrich der Große, Johann Wolfgang von Goethe, Kurt Tucholsky, sie alle waren Freimaurer. Da das Freimaurertum auch immer ein intellektuelles Wirken für sich in Anspruch nimmt, bieten einzelne Mitglieder wissenschaftliche Vorträge zu einer ganzen Bandbreite von Themen an, wie etwa Widerstand im Dritten Reich, Karl der Große oder Henry Dunant (Begründer des Roten Kreuzes).

Neben der Loge Aquarius gibt es noch zwei weitere Freimaurerlogen in Freiburg. Die Loge Zu den Drei Tannen im Schwarzwald und die Zur edlen Aussicht, die seit über 230 Jahren in Freiburg aktiv ist. Der weit verbreitete Glaube, Freimaurer seien ein Männerbund, ist falsch. Selbstverständlich können auch Frauen dem Bund beitreten oder sich einer Frauenloge anschließen.

Loge Aquarius · Schloßweg 1 · 79249 Merzhausen · Tel. 0 76 64/16 19 · www.loge-aquarius.de
Haltestelle: Paula-Modersohn-Platz, Stadtbahn S3

54 WEIHNACHTSMARKT IN DER RAVENNASCHLUCHT

Natürlich ist der Weihnachtsmarkt am Freiburger Rathaus romantisch, idyllisch und vielseitig. Wenn Sie es darüber hinaus noch dramatisch mögen, sind Sie mit Ihrem Glühwein im Schwarzwald besser aufgehoben: in der wilden Ravennaschlucht auf dem Weihnachtsmarkt mit Wow-Faktor, dank der Wucht der steinernen Bögen.

In der dunklen Schlucht rauscht das eisige Schwarzwaldwasser zu Tal, die steilen Felswände bilden die spektakuläre Kulisse für den Höhepunkt – das elegant geschwungene Viadukt der Höllentalbahn. Fast 40 Meter hohe Bögen aus grauem Stein leuchten in weihnachtlichen Farben. Glitzernd erstrecken sich festlich geschmückte Stände unter dem Viadukt. Wenn Schnee liegt, ein unvergessliches Erlebnis von Zimtduft, Weite und Licht in dunkler Nacht. Und die leise Weihnachtsmusik verhallt in der dunklen Schlucht.

In der Ravennaschlucht ist Weihnachtsmarkt, und er ist atemberaubend wild und gleichzeitig wunderbar romantisch. Johann Wolfgang von Goethe, zumindest in jungen Jahren auch eher romantisch veranlagt, musste auf seiner Reise durch die Ravennaschlucht noch auf den Weihnachtsmarkt und den würzigen Glühwein verzichten, aber dass man dem großen Dichter und Denker hier oder in der Nähe hausgemachte Schupfnudeln angeboten hat, ist mehr als wahrscheinlich. Neben den Schupfnudeln samt Sauerkraut und den üblichen Angeboten wie Flammkuchen und Weihnachtsgebäck können Sie auch Spielzeug, Kunsthandwerk oder Weihnachtsschmuck erwerben. Die gigantische Kulisse bildet einen beeindruckenden Gegensatz zu den filigranen Sternen aus Stroh oder den kunstvoll gedrehten Kerzen, die, ansprechend präsentiert, auf Käufer warten. Es ist ein Weihnachtsmarkt, der sich anders anfühlt. An rund 40 Ständen finden Sie alles, was ein Weihnachtsmarkt bieten sollte. Und gleichzeitig ist er klein genug, um seine Wirkung in der großartigen Kulisse voll zu entfalten. Aber nur donnerstags, freitags und wochenends.

Weihnachtsmarkt Ravennaschlucht · Nov., Dez. Do, Fr 15–21, Sa 14–21, So 13–20 Uhr
Erwachsene 4,50 € (Do, Fr 3,50 €) · Höllsteig 76 · 79874 Breitnau/Hinterzarten · Tel. 0 76 52/1 20 60
www.hochschwarzwald.de/weihnachtsmarkt · Haltestelle: Hinterzarten, RB,
dann Bus 7216 oder 7261 nach Hirschenberg

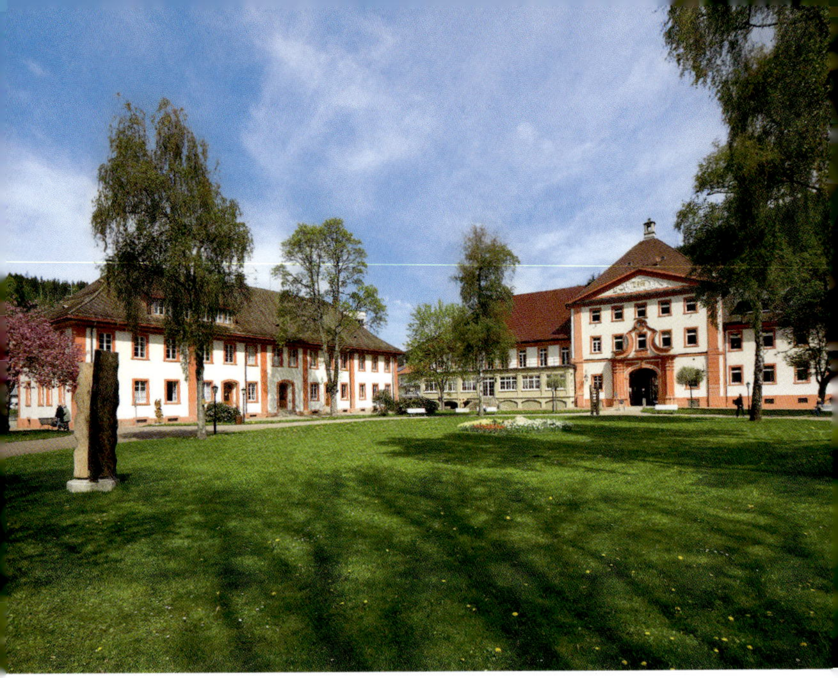

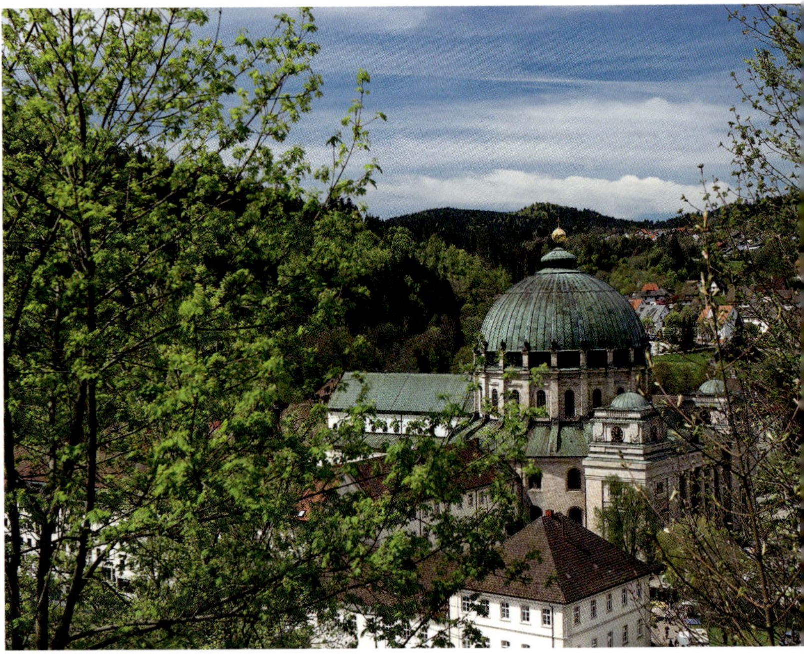

Laut knattert der Zweitaktmotor, es riecht nach Benzin und Holz. Begleitet von angeregtem Stimmengewirr fliegen jedes Jahr am Domplatz in St. Blasien die Späne, dann findet das Bildhauersymposium statt, und Sie können überall im Städtchen Holzkunst entstehen sehen.

Der Anfang ist grob und laut. Die Bildhauer bekommen klobige Holzstämme und ein Thema, den Rest erledigen sie in einer Woche, direkt in den Straßen St. Blasiens. Kunst entsteht spontan, im Austausch mit den anderen Künstlern oder häufig auch mit den Besuchern. Der Schaffensprozess ist öffentlich. Wenn Sie während dieser Zeit St. Blasien besuchen, sind Sie ganz nah am künstlerischen Akt, können direkt vergleichen, Entwicklungen verfolgen. Das ist in einem Museum oder einer Galerie nicht möglich. Beim Bildhauersymposium in St. Blasien schon.

Eine unabhängige Jury wählt die Teilnehmerinnen und Teilnehmer aus, die aus der ganzen Welt stammen. Manche arbeiten ausschließlich mit Holz, andere verwenden eine Vielzahl verschiedener Materialien. Auch ihre Herangehensweise ist unterschiedlich, von abstrakt bis naiv, figürlich oder fantastisch, die Vielfalt und Kreativität ist überwältigend.

Kettensägenkünstler sind auch beim Symposium dabei, ihre Werke aber keineswegs so grob, wie es klingt. Die Sägeblätter sind deutlich filigraner als die handelsüblichen großen. Auch Schleifmaschinen kommen zum Einsatz. Staunende Kurgäste inmitten des lauten Treibens. Kunst überall. Stille aber ist selten. Erst gegen Ende der Woche, wenn das Sandpapier zum Einsatz kommt, wird geschmirgelt, und die Motoren bleiben stumm.

Am Ende des Symposiums wird der Publikumspreis verliehen. Die Skulpturen können dann auch ersteigert werden. Was nicht verkauft wird, bleibt Eigentum der Stadt St. Blasien, die mit dem eingenommenen Geld im nächsten Jahr neue Künstler einlädt, die wieder neue Skulpturen erschaffen. Kunst im Kreislauf seit über 20 Jahren. Am Finalsonntag können Sie außerdem einen Kunsthandwerkermarkt und Livemusik erleben.

Tourist-Info St. Blasien · Mo–Fr 9–12, 14–17, Sa 10–12 Uhr · Am Kurgarten 1–3
79837 St. Blasien · Tel. 0 76 52/1 20 60 · www.stblasien.de · Bus 7319 ab Schluchsee

DAS HÜSLI VON PROF. BRINKMANN

Wenn irgendein Ausflugsziel Schwarzwälder Tradition widerspiegelt, dann das Hüsli in Grafenhausen mit seinem typischen Walmdach und dem authentischen Original-Interieur. Es kommt Ihnen irgendwie bekannt vor? Populär wurde das Hüsli durch die TV-Serie »Die Schwarzwaldklinik« als Wohnhaus von Professor Brinkmann.

Wie haben die Menschen früher in diesem Teil des Schwarzwaldes gelebt? Wie verbrachten sie die langen, schneereichen Winter auf den oft einsamen Schwarzwaldhöfen? Mit viel Liebe zum Detail wurde hier ein wunderschönes altes Haus – ursprünglich 1912 als Sommersitz für die aus Lörrach stammende und damals hochgefeierte Konzertsängerin Helene Siegfried erbaut – als Heimatmuseum aufbereitet. Das Haus ist komplett möbliert, mit einer guten Stube, bemalten Decken, Kachelöfen, Accessoires, Schnitzereien und Gemälden ausgestattet und gibt einen guten Einblick in die bäuerliche Kultur im Schwarzwald.

Auf die jungen Besucher des Hüsli wartet ein spannendes Quiz, bei dem sie ihr Wissen über das Heimatmuseum beweisen können.

Die kleine Gemeinde am Schluchsee ist nicht sonderlich bekannt, das Hüsli schon, hatte es doch eine zentrale Rolle in der Fernsehserie »Schwarzwaldklinik«, hier wohnte Professor Brinkmann. Da werden all jene, die sich noch an die Serie erinnern, richtig nostalgisch. Was erlebten Klausjürgen Wussow und sein Seriensohn Sascha Hehn (späterer Traumschiffkapitän mit hohem Schmachtfaktor) doch für Dramen und romantische Verwicklungen just hier in diesem Haus! Für alle anderen ist das Hüsli ein wunderschön erhaltenes Schwarzwaldhaus und ein Stück neu interpretierte Heimat.

Sind Sie schon einmal in Grafenhausen, bietet sich ein Besuch des nur wenige Minuten entfernten Schwarzwaldhauses der Sinne an, eine Erlebniswelt rund um die menschlichen Sinne, die von Dunkelgang bis Indoor-Barfußpfad die ganze Familie zum Mitmachen animiert

---

Museum Hüsli · Di 13.30–17, Mi–So 10–12 und 13.30–17 Uhr · Hüsli 1 · 79865 Grafenhausen-Rothaus · Tel. 0 77 48/2 12 · www.landkreis-waldshut.de/leben-und-arbeiten/kultur/kreismuseen/huesli
Haltestelle: Hüsli, vom Bahnhof Seebrugg Bus 7343 und 7342

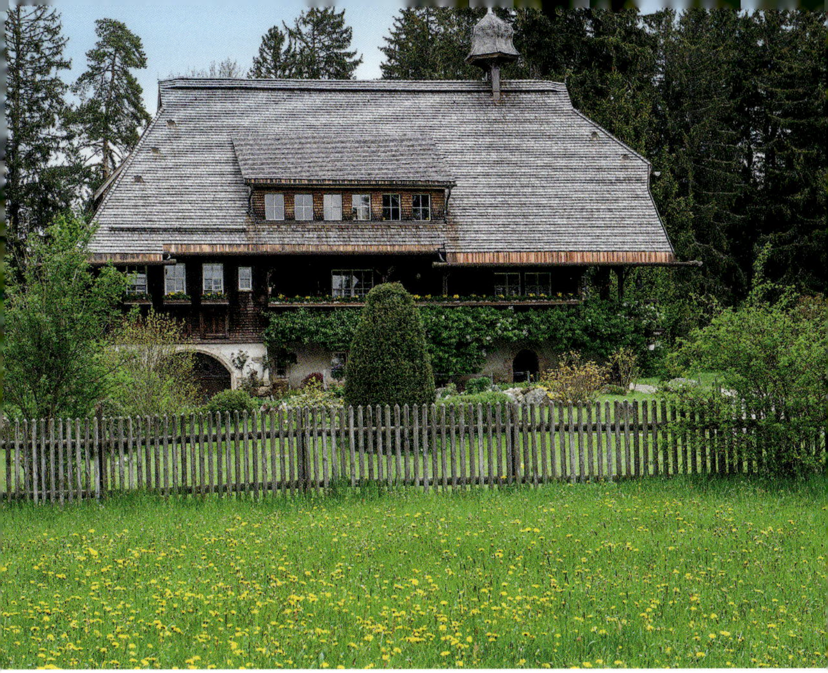

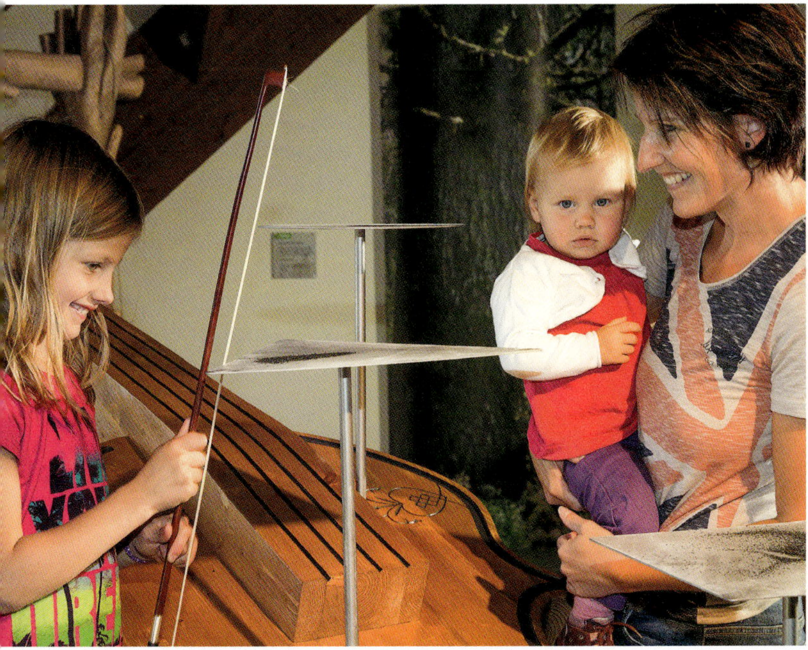

ANTIKUHRENBÖRSE FURTWANGEN

57

Uhren üben auf viele Menschen eine Faszination aus, vor allem jene, die keine Fließbandprodukte sind, sondern kleine, oft winzige Kunstwerke, die die Zeit, die sie messen, wertvoller machen. Uhren als Kunstobjekt und Wertanlage, als Schmuck der besonderen Art.

Die Börse für antike Uhren ist die größte ihrer Art in Europa. Angefangen hat es Mitte der 1980er-Jahre mit einem kleinen Kreis von Ausstellern, heute sind fast 150 Händler vor Ort, wenn sich in Furtwangen die Liebhaber alter Uhren treffen. Sie kommen inzwischen auch von weiter her, aus Frankreich oder den Niederlanden. Viele Schätze gibt es zu bestaunen, die Faszination, die so ein präzises mechanisches Uhrwerk verbreiten kann, ist schwer zu beschreiben, es tickt im Herzen. Die Zeitmessung ist für die meisten Uhrenfreunde ein sekundäres Merkmal. Vor allem in modernen Zeiten, wo die Menschen aufs Handy statt auf die Uhr schauen, um zu sehen, wie spät es ist. Armbanduhren, Kaminuhren, Standuhren, Wanduhren, allesamt alt, selten und kostbar, solche Exemplare sind durchaus auch eine gute Geldanlage. Chronografen mit hohem Wert, Sammlerstücke und Unikate, viele Tausend Uhren, Werkzeug, Zubehör – das Stöbern ist der halbe Spaß, und im Eintrittspreis zur Börse in der Hochschule (5 Euro/Tag) ist auch der Eintritt zum Deutschen Uhrenmuseum nebenan enthalten.

> Wer noch Zeit übrig hat, nur ein paar Minuten entfernt in Neukirch steht die 1825 erbaute Hexenlochmühle mit Restaurant und Shop. Dort gibt es ebenfalls Uhren.

Schauen Sie genau hin, der Blick auf die Details lohnt sich: die kleinen Unterschiede der Zifferblätter, Taschenuhren, die vermeintlich gleich aussehen und doch eine ganz unterschiedliche Gravur haben. Auch viel Figürliches ist zu bestaunen, Pferde, Engel, Adler, die gestalteten Uhren sind echte »Hingucker«. Furtwangen war einst das Zentrum der Uhrenindustrie im Schwarzwald, und der war seit jeher berühmt für seine Uhren und sein Handwerk.

Antikuhrenbörse · ein Wochenende im August · Hochschule Furtwangen · Robert-Gerwig-Platz 1
78120 Furtwangen · Tel. 0 77 23/93 91 08 · www.antik-uhrenboerse.eu
Haltestelle: Robert-Gerwig-Platz, Bus 7270 aus Triberg, 7272 aus Freiburg

58 ÖSTERREICHER UND BAROCKE PRACHT

Barocke Pracht, stille Andacht und Erinnerungen an den Krieg. Beim historischen Dorfrundgang durch das Schwarzwalddorf St. Peter können Sie die Vielfalt der regionalen Geschichte entdecken. Denn St. Peter ist viel mehr als nur das Kloster, St. Peter ist auch ein Dorf, das seine eigenen Geschichten erzählt.

Wuchtig ragt die Klosteranlage von St. Peter vor einem auf, sie dominiert das schmale Tal, das von Freiburg steil heraufführt. Die Kirche wurde im Barock komplett neu errichtet und ist in ihrer Monumentalität einzigartig in der Region. Sie wurde 1727 geweiht. Die meisten Besucher kommen des Klosters wegen.

> Neben der Klosteranlage liegt der Friedhof von St. Peter, ein Ort der Stille, an dem auch einige unbekannte Soldaten ihre letzte Ruhe fanden.

Hier beginnt auch der historische Dorfrundgang, den Sie, mit einer informativen Broschüre (erhältlich bei der Tourist-Info St. Peter) an der Hand, auf eigene Faust unternehmen können: im Klosterhof, der durch Weite und Klarheit besticht. Von hier aus führt der Weg durch das Dorf, über den Bertholdsplatz, vorbei an der versteckten Ursulakapelle, seinerzeit Ausweichkirche in Zeiten des Umbaus, am Schweighof weiter zur Soldatenkapelle und über den Mühlegraben zurück zum Klosterhof. Sie erfahren auf dem Weg so einiges über die Geschichte und das Leben in Dorf und Kloster.

In den Napoleonischen Kriegen kam eine große Zahl österreichischer Soldaten nach St. Peter, das als Lazarett diente. Einige der schwer verletzten Soldaten überlebten, fast 900 aber starben hier an diesem friedlichen Ort. Die 1910 gebaute Soldatenkapelle wurde dem heiligen Georg geweiht. In ihrer Schlichtheit bildet sie einen spannenden Gegensatz zu der barocken Pracht der Klosterkirche und der filigranen Verspieltheit der prachtvollen Rokokobibliothek. Das Kloster wurde von den Herzögen von Zähringen gegründet. Ihre vergoldeten Statuen schmücken die Wandpfeiler der Pfarrkirche.

Tourist-Info St. Peter · Broschüre »Historischer Dorfrundgang St. Peter« (Preis 2 €) hier erhältlich
Klosterhof 11 · 79271 St. Peter · Tel. 0 76 52/12 06 83 70 · www.st-peter.eu
Haltestelle: St. Peter, Bus 7205 ab Denzlingen, Bus 7216 ab Kirchzarten

59 KELTEN, RÖMER, ALEMANNEN

Merdingen ist berühmt für seinen Wein, aber auch für die archäologischen Funde. Das sonnenverwöhnte Dorf ist wegen seiner fruchtbaren Lößböden seit vielen Jahrhunderten ein attraktiver Wohnort. In der Tat finden sich vor Ort Überreste vieler Völkergruppen, die hier einst siedelten. Die ersten Spuren hinterließen die Kelten im 1. Jahrhundert nach Christus. Die Römer waren ebenfalls zu dieser Zeit in Merdingen, was die Überreste eines alten Gutshofs samt Bad im Norden des Dorfes beweisen. Wellness im Sinne der Römer, es gab schon damals Heiß- und Kaltwasserbecken. Nicht zu vergessen die Fußbodenheizung. Die Alemannen aber schufen das, was heute Merdingen heißt. Mehr zu den Funden erfahren Sie im Freiburger Colombischlössle.

Römisches Badhaus · östlich der K 4929 am Ortsausgang Merdingen · www.merdingen.de
der Beschilderung folgen, Haltestelle: Merdingen, Bus 31

60 DREHORGELN AUS ALLER WELT

Der Ton der Drehorgel hat seinen eigenen Reiz, aber das Drehorgelfest in Waldkirch ist auch ein Genuss für die Augen: Hier können Sie Drehorgeln in allen Größen und Formen, alte, neue, historische, bunte, filigrane und legendäre, für Kirche, Kirmes und Konzerte bewundern. Und natürlich gibt es Moritaten- und Bänkelsänger, dazu Vorträge und Diskussionen für all jene, deren Herz für die Drehorgel schlägt. 150 Orgeln aus dem In- und Ausland sind beim Waldkircher Drehorgelfest keine Seltenheit, besonders stark ist natürlich die heimische Fraktion der Orgelbauer vertreten. Waldkirch genießt seit über 200 Jahren den Ruf, Orgelmetropole zu sein. In der 2000 Einwohner zählenden Stadt gibt es vier Werkstätten, in denen sie gebaut werden. Sehenswert ist auch das Elztalmuseum am Kirchplatz 14, das sich dem Waldkircher Orgelbau widmet und mechanische Musikinstrumente zeigt.

Internationales Orgelfest Waldkirch · alle drei Jahre · www.stadt-waldkirch.de
www.orgelfest-waldkirch.de · Haltestelle: Waldkirch Post, Bus 7206

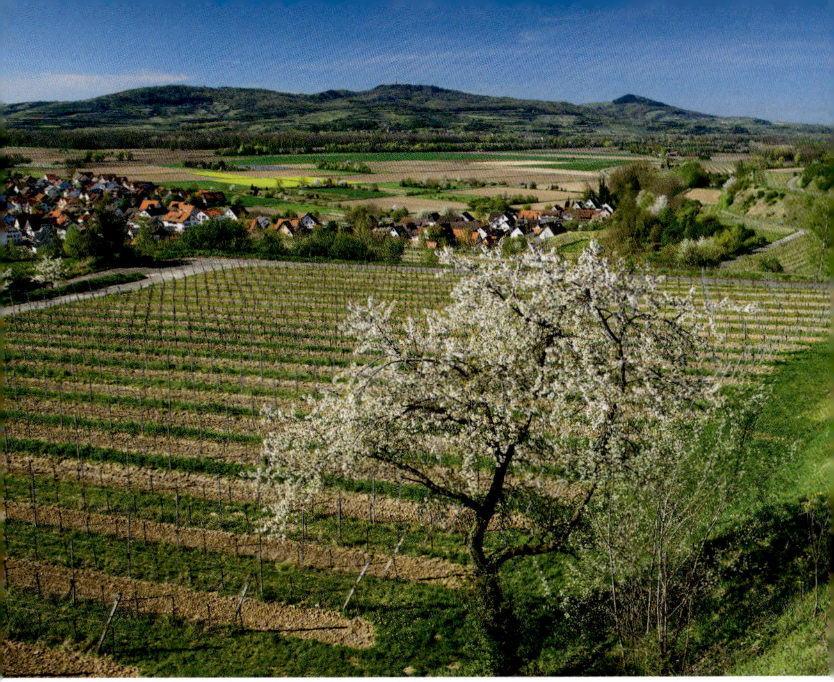

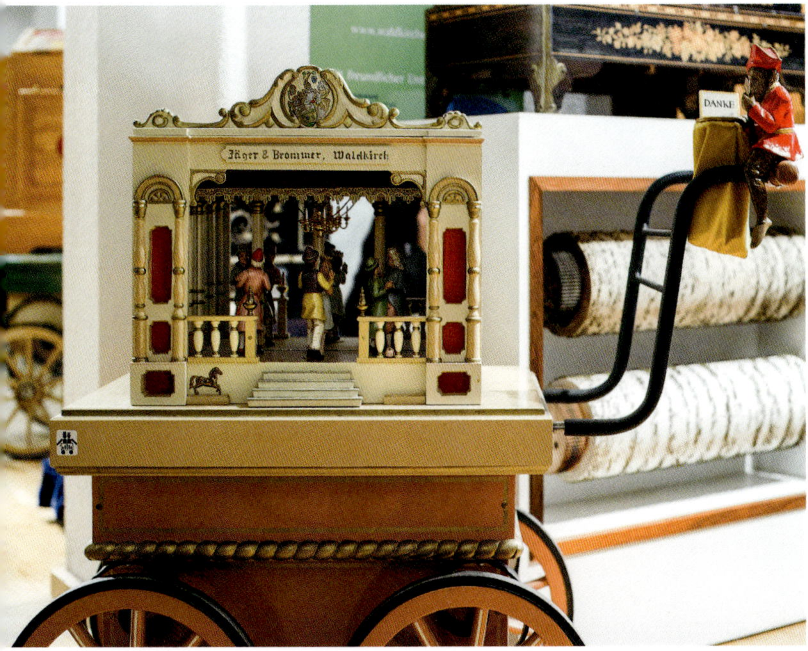
Jäger & Brommer, Waldkirch
DANKE

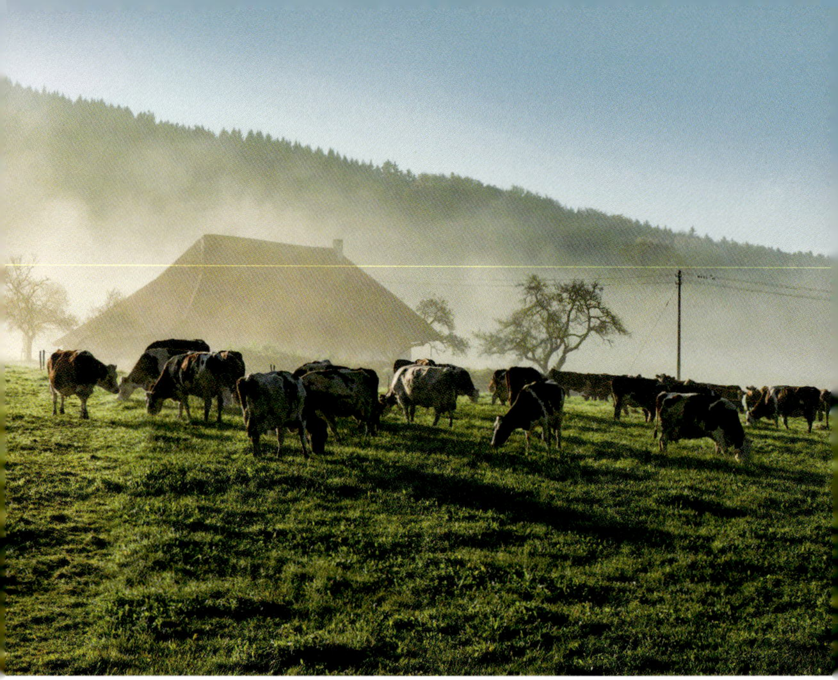

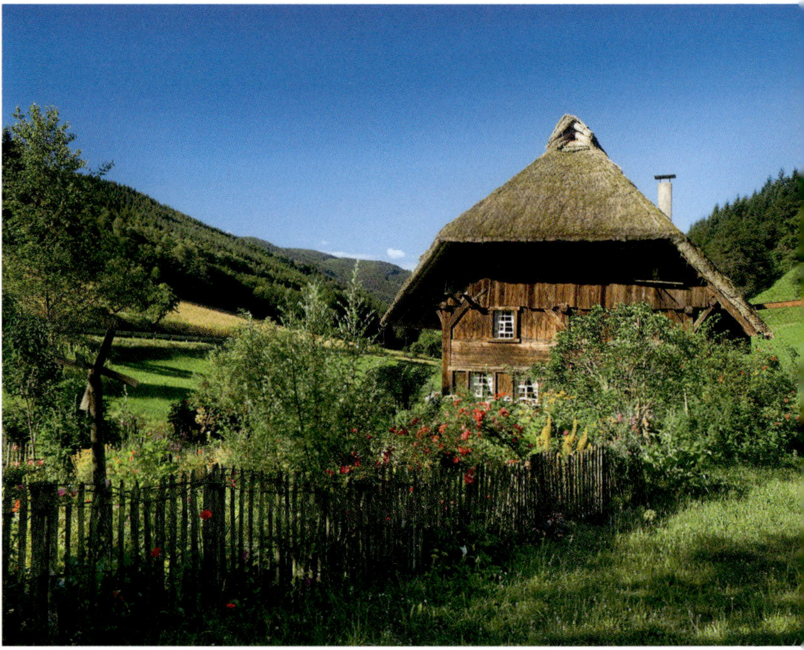

WO DER SCHWARZWALD AM SCHÖNSTEN IST

Zusammen mit dem Simonswäldertal ist das Elztal vielleicht eine der schönsten Ecken, die der Schwarzwald zu bieten hat. Das »ZweiTäler-Land« hat alles, was den Schwarzwald ausmacht: atemberaubende Natur, heimelige Höfe und verlockende Freizeitangebote. Dazu kommt das milde und regenarme Klima.

15 Kilometer nördlich von Freiburg zieht es sich hinauf bis zu den dunkelsten Tannenhöhen. Die Wilde Gutach und die Elz fließen entlang der romantischen Blumenwiesen. Gerade im Frühling lebt und blüht hier alles. Zur Abkühlung können Sie der Beinhauskapelle der Kirche St. Georg in Gutach-Bleibach einen Besuch abstatten. Ein einzigartiges Wandgemälde aus dem frühen 18. Jahrhundert ist der größte Schatz des kleinen Gotteshauses – makabre Erinnerung daran, dass das Beinhaus zur Aufbewahrung der ausgegrabenen Skelette diente, als im Friedhof mehr Platz für Gräber geschaffen werden musste. Schon der Name Beinhauskapelle genügt, um Besuchern einen leichten Schauer über den Rücken zu jagen.

Weniger gruselig, sondern höchst malerisch mutet dagegen die Landwasserhofmühle in Oberprechtal an, die Sie unbedingt ansteuern sollten. Vor allem der Bauerngarten der Mühle wirkt wie ein buntes Bilderbuch der Gartenpflanzen. Wenn Sie schon immer von einem Bauerngarten geträumt haben, bekommen Sie hier alle Wünsche erfüllt.

Das ZweiTälerLand ist idyllisch, an schönen Tagen schweben Gleitschirme vom Kandel herunter. Doch je weiter Sie auf die Höhen wandern, desto wilder wird der Wald. Was ist also von den Stimmen zu halten, die hier in den letzten Jahren Wölfe gesehen haben wollen? Platz genug wäre für Mensch und Tier. Der Naturschutzbund hofft darauf, als Wanderer müssen Sie sich nicht sorgen – bisher wurden keine Tiere gesichtet und selbst wenn, meiden sie die Nähe zum Menschen. Es gibt auch ein Elztal im Neckar-Odenwald-Kreis. Aber: Wer einmal hier im Schwarzwald war, für den wird es kein anderes mehr geben.

Beinhauskapelle mit Bleibacher Totentanz · Pfarrbüro St. Georg · Schulstraße 2 · 79261 Gutach
Führungen April–Ende Okt. 1. Mi im Monat 14.30 Uhr · Tel. 0 76 81/71 13
Haltestelle: Bleibach Bahnhof, von Waldkirch Bus 7272

WO MEILENWEIT DER TABAK WUCHS

Der Rhein war einst eines der bekanntesten Tabakanbaugebiete Deutschlands, mehr als 300 Fabriken stellten Zigarren und Zigaretten her. Die großen Zeiten des Tabakanbaus sind inzwischen vorbei, aber noch immer kommt der Großteil des deutschen Tabaks aus der Region westlich des Schwarzwalds.

Tabak gedeiht in der sonnigen und feuchten Rheinebene auf den nährstoffreichen Böden so gut wie der Wein an den trockenen Hängen des Kaiserstuhls. Sie müssen also nicht bis nach Südamerika reisen, um guten Tabak zu finden. Mehr Wissen über den Tabakanbau am Oberrhein vermittelt Ihnen das Tabakmuseum in Mahlberg: Es zeigt Kurioses wie den ersten Zigarrenautomaten der Welt und Überraschendes wie die Sammlung von Banderolen mit den Bildnissen aller deutschen Kaiser. Natürlich gibt es auch alte Maschinen, Zigarren, Dosen und Zigarettenpackungen der Fabriken aus der Region zu sehen. Roth-Händle war hier wohl die bekannteste Firma, die Zigaretten herstellte. Neben dem Museum steht eine der eigentümlich aussehenden Trockenscheunen, die den Feldern einen ganz eigenen Reiz geben.

Entlang des Rheins wurde wohl bereits im 16. Jahrhundert der Tabak in schmalen, luftdurchlässigen Spezialscheunen getrocknet, davor einfach in den Wohnstuben der Bauern. Die großen grünen Blätter wurden auf Schnüre gezogen und für zwei bis drei Monate umgekehrt aufgehängt. Die unterschiedliche Qualität war dabei sehr wichtig. Für die Deckblätter der Zigarren verwendete man die unteren Blätter der Pflanze, weil diese am wenigsten Nikotin enthalten. Bis in die 1950er-Jahre war der Tabakanbau in der Rheinebene ein guter Verdienst für die Bauern. Doch dann sanken die Preise dramatisch, der Anbau war Ende der 1960er-Jahre schon nicht mehr rentabel.

Ein Erlebnis ist eine Tabakscheunen-Foto-Tour entlang des Rheins, bei der Sie viele atmosphärische Motive vor die Kamera bekommen – vor allem an Sommerabenden. Alles erinnert ein wenig an den Film »Die Brücken am Fluss«.

Oberrheinisches Tabakmuseum Mahlberg · Mai–Ende Sept. So, Feiertage 10–17 Uhr · Erw. 3,50 €
Rathausplatz 7 · 77972 Mahlberg · Tel. 0 78 25/8 43 80 · www.tabakmuseum-mahlberg.de
www.mahlberg.de · Haltestelle: Orschweier, RE

SCHLENDERN, SCHAUEN, SCHMAUSEN

63

Wenn Sie an Schwarzwald denken, kommt Ihnen vermutlich Fachwerk in den Sinn, wenn es um Architektur geht. In Zell am Harmersbach aber müssen Sie umdenken, denn hier ist der Jugendstil zu Hause. Das ergibt ein ungewöhnliches Stadtbild, es ist fröhlich bunt entlang der kopfsteingepflasterten Zeller Hauptstraße.

Natürlich gibt es in Zell am Harmersbach auch Fachwerk und schönes noch dazu. Herausragend aber sind die Jugendstilfassaden in der Altstadt, die der Ort zwei Großbränden um die Wende vom 19. zum 20. Jahrhundert zu verdanken hat. Deshalb geht Zell über das Mittelalter hinaus und überrascht mit feinsten Ornamenten und verspielten Linien in Gips und Stein – ein ungewöhnlicher Anblick im Schwarzwald allemal. Weiß gefasste Giebel, die in verschiedenen Pastelltönen verputzt wurden. Eine völlig andere, bezaubernde Architektur, die betrachtet und genossen werden will. Am besten, indem Sie durch die Altstadt schlendern und die Augen offen halten. Alternativ können Sie im Sommer in den Straßencafés den Blick schweifen lassen oder sich einer Stadtführung anschließen, die für Kinder ist besonders empfehlenswert.

Mit den Jugendstilfassaden geht Zell am Harmersbach den Schritt Richtung moderne Architektur und hat sich bis heute den Blick in die Zukunft erhalten. Ob im Museum für zeitgenössische Kunst oder im Bräukeller, wo Küchenchef Jürgen Pfeiffer gerne Altes mit Neuem verbindet. Seine kreative Küche zeichnet sich durch saisonale Zutaten und besondere Raffinesse in der Zubereitung aus. Die kulinarische Bandbreite reicht vom »Leberle sauer« bis hin zu Edelfisch. Eine besondere Spezialität auf der Karte ist die Bouillabaisse, die mit Knoblauchbrot gereicht wird. Und selbst Burger fehlen nicht auf der Karte: Zu jeder Jahreszeit gibt es eine spezielle Variante, der Winter-Burger etwa besteht aus 200 g Beef medium gebraten mit Preiselbeercreme, roten Zwiebeln, Bacon, Alpenraclettekäse und Feldsalat – so hat der Winterblues nicht die geringste Chance.

Stadtführungen Mai, Sept., Okt. Di 10.30, Juni, Juli Di 20, Aug. Di 19.30 Uhr, Start am Kanzleiplatz www.zell.de · Bräukeller Di–So 11.30–14.30, 18–24, Sa ab 18 Uhr · Fabrikstraße 8 · 77736 Zell a. H. Tel. 0 78 35/54 88 00 · www.braeukeller-zell.de · Haltestelle: Haslach, RE, dann Taxi

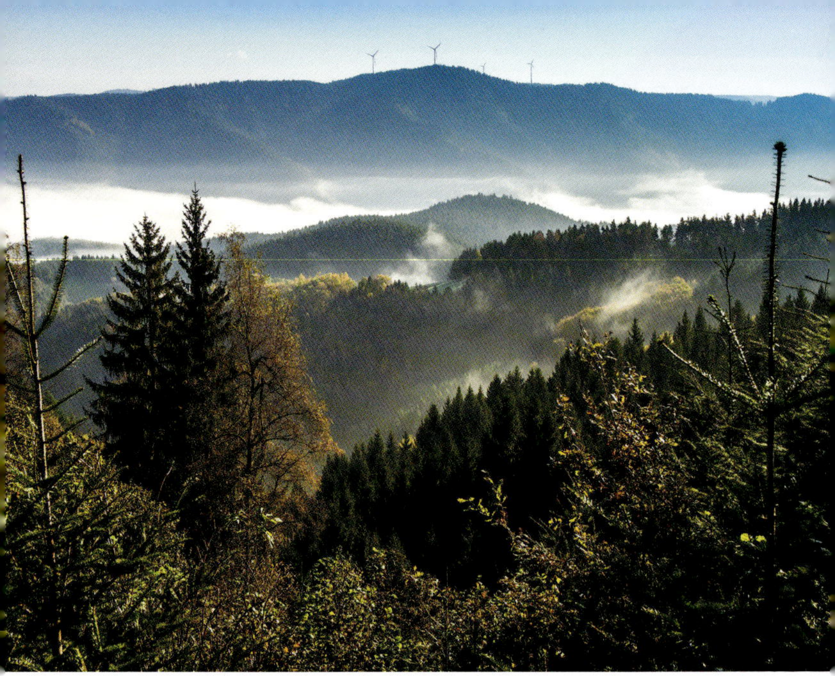

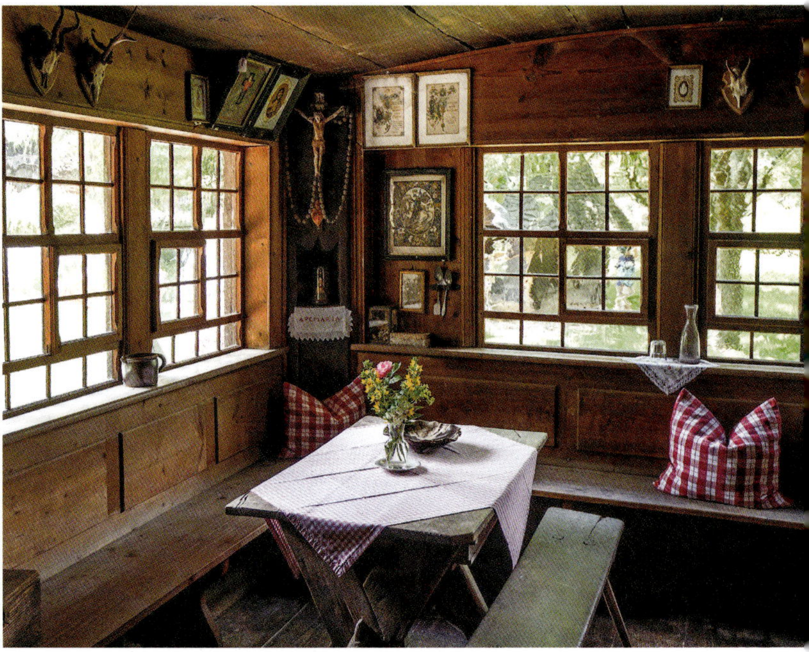

HERRGOTTSWINKEL UND PROTESTANTEN

64

Im Gutachtal steht seit vielen hundert Jahren eine kleine Besonderheit – die evangelische Dorfkirche in Gutach. Eine solche ist im früher weitgehend katholischen Südschwarzwald eher ungewöhnlich. Denn als die Protestanten hierher ins Katholische kamen, dürften sie es anfangs nicht leicht gehabt haben.

Der Herrgottswinkel gehört in einem katholischen Schwarzwälder Haushalt in die »gute Schtub«, gerade in alten Bauernhäusern. Er zeugt von einer tiefen und vor allem strengen Gläubigkeit, die die Region in den vergangenen Jahrhunderten prägte. Das Kruzifix in der Zimmerecke ist oft kunstvoll gearbeitet, die Holzschnitzarbeiten stammen häufig vom Hausherrn persönlich. Die Hausfrau stellt Blumen dazu oder bindet Kränze aus Buchs. Ein schönes Exemplar findet man im Fürstenberger Hof in Zell am Harmersbach.

Im Gutachtal aber gab es eine kleine Enklave, die ohne Herrgottswinkel auskam. Die Ursprünge der kleinen protestantischen Gemeinde liegen in Tirol, von dort waren die Protestanten im 17. Jahrhundert gekommen, als weite Teile des Schwarzwalds durch französische Eroberungskriege verwüstet und entvölkert waren. Hier gab es Arbeit und Platz zum Leben für die österreichischen Einwanderer. Etwa hundert Jahre später waren sie »Schwarzwälder«, und Täler wie das Gutachtal waren wieder bevölkert. Ob sie sich fremd fühlten in einer Welt voller Herrgottswinkel und Wegkreuze? Letztere gehören ebenfalls zu den typischen Merkmalen der Landschaft in der Region, und das nicht nur im Schwarzwald selbst, sondern auch in den tieferen Lagen der Rheinebene. Sie sind entweder schlichte Wegmarkierungen, stumme Zeugen eines Verbrechens oder einer überraschenden Rettung, immer aber sind sie Orte der Andacht und des Gebets, vor allem bei Flurprozessionen.

Wenn Sie mehr über die vergangenen Zeiten, über das Leben, Wohnen und Arbeiten von einst im Schwarzwald wissen wollen, sollten Sie das Freilichtmuseum Vogtsbauernhof aufsuchen. Hier können Sie jede Menge über die Lebensbedingungen im Schwarzwald vor rund 400 Jahren erfahren.

Vogtsbauernhof · März–Nov. tgl. 9–18, Aug. tgl. 9–19 Uhr · Erw. 10 € · Tel. 0 78 31/9 35 60
77793 Gutach · www.vogtsbauernhof.de · Haltestelle: Gutach, Schwarzwaldbahn, Bus 7269 ab Triberg

HEISSES GLAS FÜR KÜHLE TAGE

Glasbläser waren im Schwarzwald einst zahlreich und angesehen, ihre Kunst begehrt und ihr Handwerk respektiert. Inzwischen ist nur noch eine einzige Hütte übrig, in der Schwarzwälder Glas geblasen wird, die Dorotheenhütte in Wolfach. Ihre Produkte aber sind gefragt wie das Schwarzwälder Glas in seiner Blütezeit.

Der Schwarzwald bietet alles, was man zur Glasherstellung braucht: Buchenholz (für Pottasche), Tannenholz (für das Feuer) und Quarzsand. Viele Jahrhunderte lang war die Glasherstellung hier der wichtigste Wirtschaftszweig. Diese Tradition findet sich auch im düsteren Märchen »Das kalte Herz« von Wilhelm Hauff verewigt, in dem der Kohlenmunk-Peter vom Glasmännlein für den Verkauf seines Herzens drei Wünsche gewährt bekommt: »Schatzhauser im grünen Tannenwald, bist schon viel hundert Jahre alt. Dir gehört all Land, wo Tannen stehn – lässt dich nur Sonntagskindern sehn.«

Sie müssen nicht an einem Sonntag geboren sein, um Glasbläser zu sehen, die Hütte ist täglich geöffnet, und Sie können das Museum, die Schleiferei, Produktion und Gravur besichtigen. An zwei Hafenöfen werden die zerbrechlichen Produkte von Hand gezogen, die von Glasschleifern und Glasgraveuren mit kunstvollen Verzierungen versehen werden. Bei Ihrem Besuch können Sie sich hier auch selbst versuchen. Aber Vorsicht, das Glas ist in diesem flüssigen Zustand 1250 °C heiß.

Im Weihnachtsdorf ist das ganze Jahr über Weihnachten, was im Sommer vielleicht nicht Ihre Sache sein mag, doch in der Vorweihnachtszeit ein inspirierendes Erlebnis ist. Und Sie müssen nicht gleich – wie im Märchen – Ihr Herz verkaufen, um eine der rund 50 Baumschmuckserien (von klassisch bis modern in allen möglichen Farben und Formen) zu erhalten. Allerdings gewähren diese »Glasmännlein« auch keine Wünsche. Das gibt es nur im Märchen.

Die Märchen von Wilhelm Hauff lassen sich am besten bei Kerzenlicht und heißem Tee genießen, für das ultimative Schwarzwaldgefühl vielleicht sogar in einem kunstvollen Glas aus der Dorotheenhütte.

Dorotheenhütte Wolfach · tgl. 9–17 Uhr · Glashüttenweg 4 · 77709 Wolfach · Tel. 0 78 34/8 39 80
www.dorotheenhuette.info · Haltestelle: Hausach, IRE und RE, dann Taxi

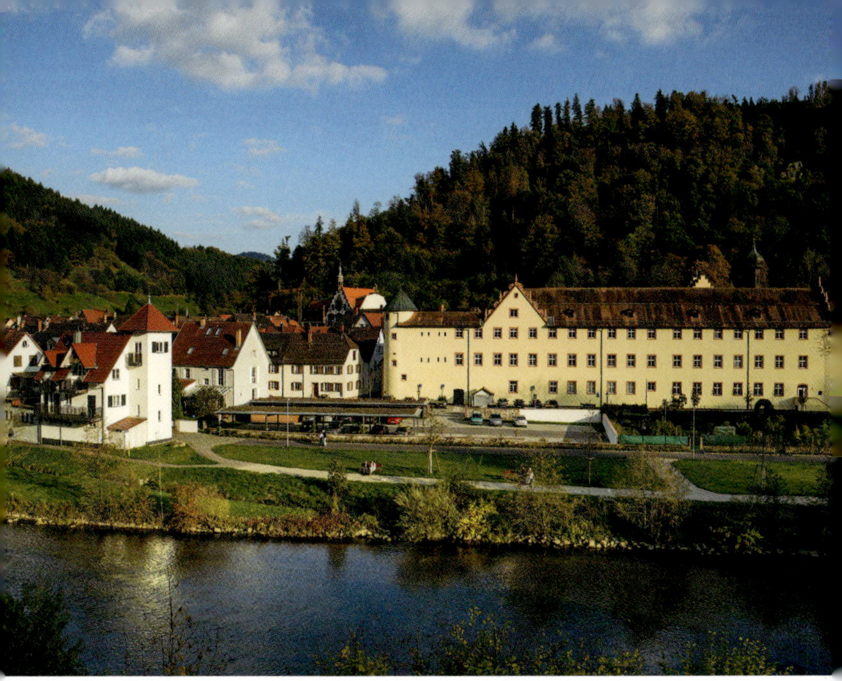

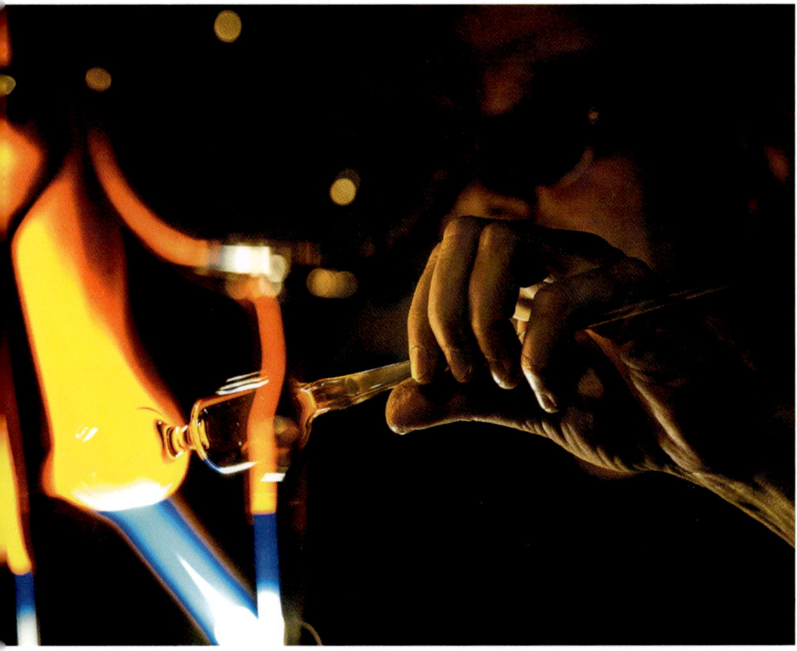

MONKEY 47
SCHWARZWALD SLOE GIN
MONKEY 47
SCHWARZWALD DRY GIN
CAUTION
WILD ANIMAL
GIN
MONKEY 47

FILMSTADT GENGENBACH

66

Müsste man eine idyllische süddeutsche Kleinstadt erfinden, dann wäre das Gengenbach. Ein Traum für Regisseure wie den US-Amerikaner Tim Burton (»Edward mit den Scherenhänden«). Er hat einen Hang zum Märchenhaften und braucht dafür die entsprechende Kulisse. Für »Charlie und die Schokoladenfabrik«, eine Literaturverfilmung mit Johnny Depp, wählte der Regisseur Gengenbach als Hintergrund. Und wer von Ihnen sich noch an die 1970er-Jahre erinnern kann, der wird vielleicht auch die deutsche Familienserie »Die Powenzbande« mit Gustav Knuth kennen, diese wurde ebenfalls hier gedreht. Die kinderreiche Familie Powenz fällt in ein gutbürgerliches Städtchen – Gengenbach – ein und stiftet jede Menge Unruhe.

www.stadt-gengenbach.de · Haltestelle: Gengenbach Bahnhof, RE ab Offenburg

DER AFFE DES COMMANDERS

Gin ist in. Der Klassiker kommt aus London, der Beste aus dem Schwarzwald: Monkey 47, mehrfach preisgekrönt, aus dem Hause Black Forest Distillers. Ein Commander der amerikanischen Besatzungsmacht namens Montgomery Collins eröffnete in den Fünfzigerjahren des 20. Jahrhunderts in Loßburg den Landgasthof Zum wilden Affen. Er brannte Gin aus Wacholder, Kräutern und reinem Quellwasser. Alexander Stein, Gründer des Unternehmens Black Forest Distillers, hat dieses alte Rezept aufgegriffen und einen neuen Gin komponiert, mit 47 regionalen Zutaten wie Fichtensprossen und Brombeerblättern. Seine Zitrusnote mit herben Fruchtkomponenten und pfeffrigem Unterton wird von Barkeepern weltweit geschätzt. Bei einer Führung durch die Destillerie können auch Sie den Schwarzwald Dry Gin probieren.

Black Forest Distillers · Besichtigung nach Vereinbarung · Äußerer Vogelsberg 7
72290 Loßburg · Tel. 0 74 46/91 76 60 · https://monkey47.com
Haltestelle: Bahnhof Loßburg-Rodt, RE ab Offenburg

68 AENNE BURDAS VERMÄCHTNIS

Aenne Burda war eine der stärksten, cleversten und emanzipiertesten Frauen der jüngeren deutschen Geschichte. Die Offenburgerin war Unternehmerin und ihre Mode weltberühmt. Ihr Siegeszug begann allerdings denkbar schmerzhaft – mit den Affären ihres Mannes.

Dieser Mann war kein Geringerer als der Verleger Franz Burda, ein echter Patriarch mit großem beruflichen Erfolg und vielen außerehelichen Affären. Als er einer seiner Geliebten und Mutter seines unehelichen Kindes einen Modeverlag einrichten will, setzt ihm seine Frau Aenne die Pistole auf die Brust. Sie will den Verlag, sie will Modezeitschriften herausgeben, sie will Macht und Unabhängigkeit. Sonst bekommt er eine skandalöse Scheidung. Und sie bekommt, was sie will, hat die Schwäche ihres Mannes zu ihrem Vorteil genutzt. Im Deutschland der Nachkriegszeit ein unerhörter Akt.

Frau Burda hatte sich behauptet und den ersten Schritt in Richtung eigene und erfolgreiche Karriere gemacht. Die Schnittmuster machten ihren Verlag zu einem Modeimperium. Die Zeitschrift »Burda Moden« wurde in 120 Länder der Welt verkauft. Ihre unglückliche Ehe hatte sie zu einer überaus erfolgreichen Geschäftsfrau gemacht. Burda stand für tragbare, schicke Mode. Mode, die Frauen selbstbewusster machen sollte, mit Schnittbögen zum Selberschneidern. Mit ihrem souveränen Auftreten war sie vielen Frauen ein Vorbild. Die Offenburgerin aus bescheidenen Verhältnissen war Sinnbild des deutschen Wirtschaftswunders. Aenne Burda lebte ein Hochglanzleben, legendär ist das Bild mit Raissa Gorbatschow.

Das Vinzentiushaus, eines der wichtigsten historischen Gebäude der Stadt Offenburg, ist seit 2001 Heim der Seniorenwohneinrichtung des Aenne-Burda-Stifts. Die drei barocken Stockwerke und der alte Baumbestand im Garten konnten mit Aenne Burdas Geld erhalten werden. Garten und Gewölbekeller sind zu besichtigen. Aenne Burdas Vermächtnis aber ist tragbare Mode und lebt deshalb überall auf den Straßen Offenburgs.

Vinzentiushaus Offenburg · Grimmelshausenstraße 28 · 77654 Offenburg · Tel. 07 81/9 28 30
www.vinzentiushaus-offenburg.de · Garten Mo–Fr 9–16 Uhr · Gewölbekeller-Führungen: im
Bürgerbüro · Fischmarkt 2 · 77654 Offenburg · Tel. 07 81/82 28 00 · www.offenburg.de

WO SAUERKRAUT OLYMPISCH IST

Alljährlich finden in Goldscheuer bei Kehl Olympische Spiele statt, von denen das Internationale Olympische Komitee (IOC) jedoch gar keine Kenntnis hat: die »Olympischen Krutspiele«, die inzwischen zum Highlight des traditionellen Sauerkrautfests geworden sind. Kraut und Spiele – das gibt es nur in der Ortenau.

Für viele Amerikaner und Engländer sind die Deutschen immer noch die »Krauts«, ganz besonders diejenigen, die es nicht nur essen, sondern auch anbauen, was im Badischen durchaus viele tun. Ein Nationalgericht, das in den meisten Teilen Deutschlands etwas aus der Mode gekommen ist, nicht aber in der Ortenau. Schließlich ist Kraut gesund, kalorienarm und hat jede Menge Vitamin C. In Goldscheuer hat der Krautanbau Tradition, und das alljährliche Fest war immer schon die Attraktion im Dorf. In der Region haben noch viele Haushalte die alten braunen Steinguttöpfe, in denen das Sauerkraut traditionell über den Winter gelagert wurde.

Das alljährliche Sauerkrautevent hat alles, was so ein Fest braucht: Blasmusik, Kraut (mit Schweinefleisch und Kartoffeln) und gute Laune im Festzelt. Und eine sportliche Komponente gibt es auch: die Olympischen Krautspiele. Die Disziplinen sind vielfältig, ein Krautkopf ist aber immer irgendwie im Spiel. Rücken an Rücken, einen Sauerkrautkopf im Kreuz eingeklemmt, gilt es eine vorgegebene Strecke zu bewältigen – natürlich ohne dass der Kopf purzelt. Ob Krautkopftanz, Elefantenrennen oder einfach nur Tauziehen, der Sieger heißt am Ende immer Sauerkraut. Dazwischen wird gefachsimpelt, schließlich gibt es die unterschiedlichsten Möglichkeiten, Sauerkraut zuzubereiten: mit Champagner oder Sekt, mit Weißwein oder mit Brühe. Auf dem Festplatz gegenüber der Markthalle regiert das säuerliche Gemüse eine Woche lang Ende September. Meist mit Schweinefleisch oder Bauchspeck serviert. Im benachbarten Elsass werden dazu noch Bratwürste und Blutwurst üppig auf das Kraut gestapelt (in dem Fall keine olympische Disziplin). Dann ist es mit der Kalorienarmut natürlich vorbei.

Ortsverwaltung Goldscheuer · Römerstraße 62 · 77694 Kehl · Tel. 0 78 54/9 69 80
Festplatz gegenüber der Sparkasse · www.kultur.kehl.de/html/kultur/veranstaltung

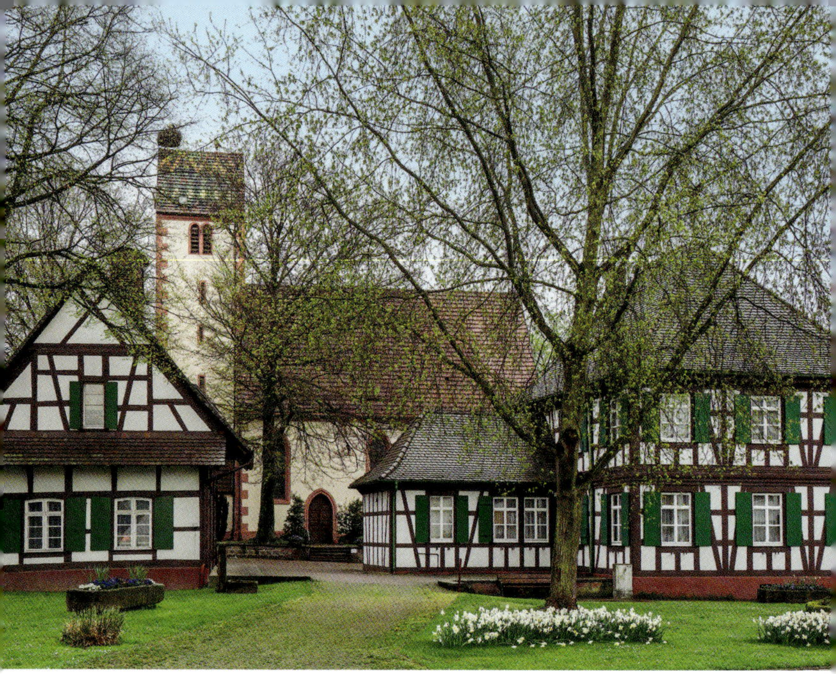

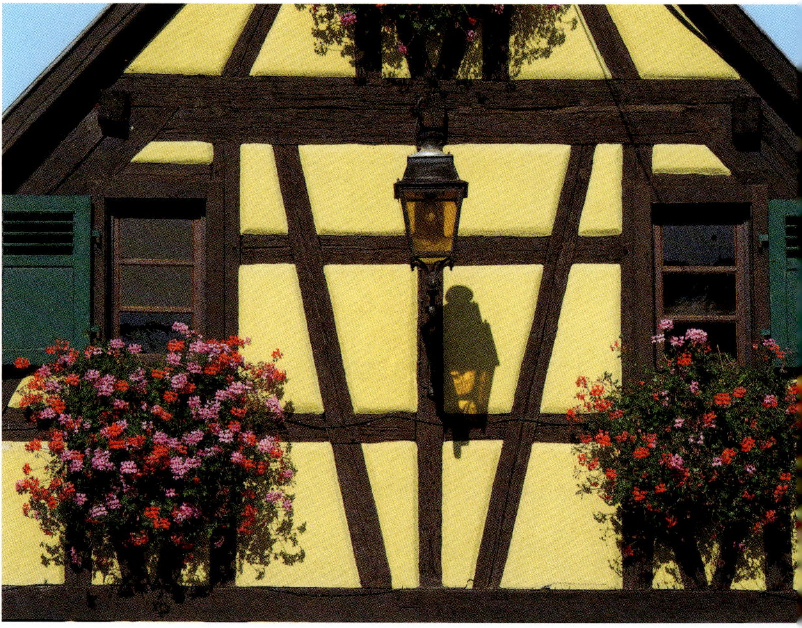

LUSTFAHRT AUF DER LANDSTRASSE 75

70

Früher kannten Sie sie aus den Verkehrsnachrichten: ein Schwertransport auf der B 36, der nicht überholt werden kann. Seit 2016 ist die B 36 in ihrem südlichsten Abschnitt wegen »mangelnder Verkehrsrelevanz« zur Landstraße 75 abgestuft – perfekt also für eine Spritztour.

Der Ausflug nach Norden zum südlichen Ausläufer der einstigen B 36 – heute die zur Landstraße 75 abgestufte Strecke – lohnt, unabhängig vom Wetter. Nach Rastatt, wo die L 75 in die alte B 36 übergeht, hört es aber auf mit der Idylle, ab hier sind Ortsumfahrungen eingerichtet, und die optisch schönere Streckenführung durch die kleinen malerischen Dörfer weicht einer schnelleren, aber weniger schönen. Die L 75 führt zwischen der A 5 im Osten und dem Rhein im Westen von Süden geradewegs nach Norden. Wenn Sie

> An einem der vielen Hofläden entlang der Straße können Sie einkaufen. Hier gibt es je nach Jahreszeit leckere Erdbeeren, frischen Spargel oder Äpfel.

dem Touristentrubel entlang der B 3 entkommen wollen, sind Sie auf der stilleren und über weite Strecken weniger besiedelten L 75 genau richtig.

In Neuried lohnt die von Friedrich Weinbrenner, dem Meister des badischen Klassizismus, erbaute Kirche. Die romantischen Fachwerkhöfe mit ihren blühenden Gärten entlang der Hauptstraße verbreiten Postkartenflair. Badische Moderne können Sie in der Kirche in Goldscheuer bewundern, mit bunten Neonarrangements samt Schwarzwaldmadonna. Natürlich von keinem Geringeren als Stefan Strumbel entworfen. Seine Pop-Art transportiert Heimat in eine neue Dimension. Strumbel schuf das Mädchen mit dem Bollenhut und der Handgranate. Ein weiterer spannender Ort an der L 75 ist Sundheim, wo badische Hühner namens Sundheimer gezüchtet werden. Im denkmalgeschützten Ortskern des kleinen Bodersweier sollten Sie den typischen Kniestockhäusern einen Blick gönnen. Deutlich seltener sind die einstöckigen Fachwerkhäuser der Nebenstraßen. Es scheint, als tickten die Uhren hier ein klein wenig langsamer entlang der L 75, und vielleicht ticken sie gerade deshalb ein klein weniger schöner.

L 75 · www.neuried.net, www.sundheimerhuhn.de, www.kehl.de

71 WUNDER DER TECHNIK: KULTURWEHR KEHL

Mit Kultur hat das Kulturwehr Kehl nichts zu tun, dafür aber mit Wasser. Mit jeder Menge Wasser. Und mit Zurückhaltung. Der Oberrhein braucht gelegentlich »Rückhalt«, und in Kehl bekommt er ihn. Denn zu viel Wasser ist gefährlich und würde Schaden bringen für die Kulturlandschaft, die sich rechts und links des Stroms erstreckt.

Wenn starke Regenfälle den Wasserspiegel ansteigen lassen, dann wird das Hochwasser zurückgehalten. Das geschieht in Basel, Breisach und am Kulturwehr in Kehl. Nur so kann sichergestellt werden, dass das Hochwasser keine Schäden anrichtet. Diese kontrollierte Schadensvermeidung ist spannender, als Sie zunächst vielleicht denken. Ein paar Zentimeter können schon den Unterschied machen, zwischen Überströmung und damit Überschwemmung oder Trockenheit und Sicherheit. Für die Bewohner entlang des Rheins eine zentrale Frage. Hier war Überflutungsgebiet, erst als die Menschen wegen des fruchtbaren Bodens nahe dem Wasser siedelten, begannen die Probleme, die auch mit der Rheinbegradigung nicht behoben wurden.

Kehl ist der größte Polder am Oberrhein, in seinem Rückhaltebecken können bis zu 37 Millionen Kubikmeter gestaut werden. Wenn Sie im Winter mit Holz heizen, dann wissen Sie: Ein Ster ist ein Kubikmeter, das mal 37 Millionen. Eine unvorstellbare Wassermasse. Am Tag der offenen Tür können Sie sich das Wehr auch von innen ansehen. Die Steuerzentrale ist für Technikfreunde ein Genuss, der Gang unter den Rhein aber gerade bei hohem Pegelstand gewöhnungsbedürftig. Durch die Gewalt des Wassers fühlt man sich ganz klein. Die Anlage wurde 2012 mit großem Aufwand saniert. Wenn hier die Schleusen geöffnet werden, dann merkt man das in Iffezheim, Karlsruhe und Speyer ganz deutlich. Was hier verhindert wird, kommt in Köln oder Koblenz gar nicht erst an. Und was der scheinbar so friedliche Rhein da anrichten kann, das hat die Vergangenheit in verheerendem Maße gezeigt. Hochwassertouristen dagegen sorgen immer wieder für Probleme rund um das Kulturwehr. Die Wassermassen sind gefährlich, viele aber wagen sich zu weit vor.

Kulturwehr Kehl · zwischen Sundheim und Marlen am Rhein · Beschilderung ab B 36 folgen

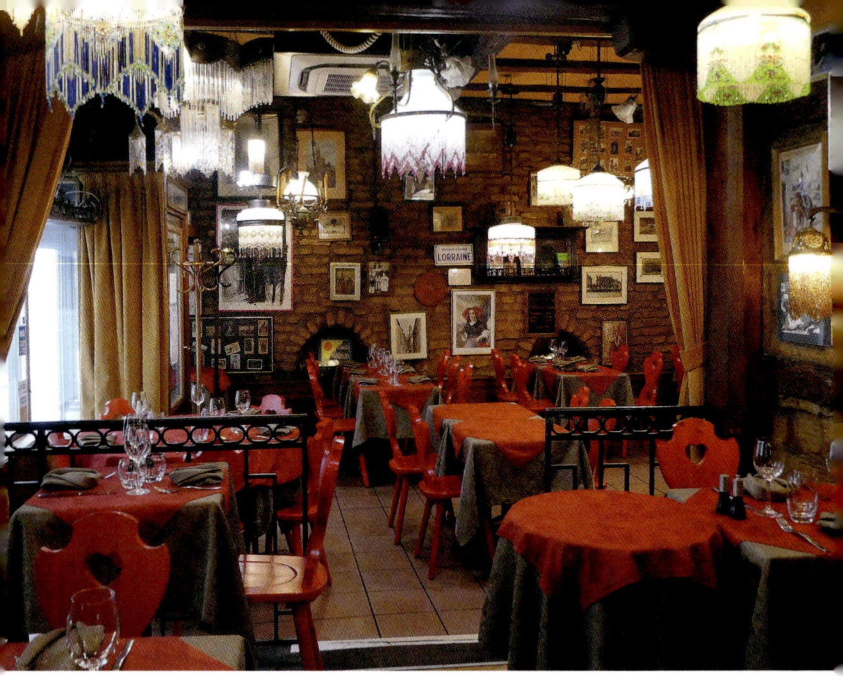
LORRAINE

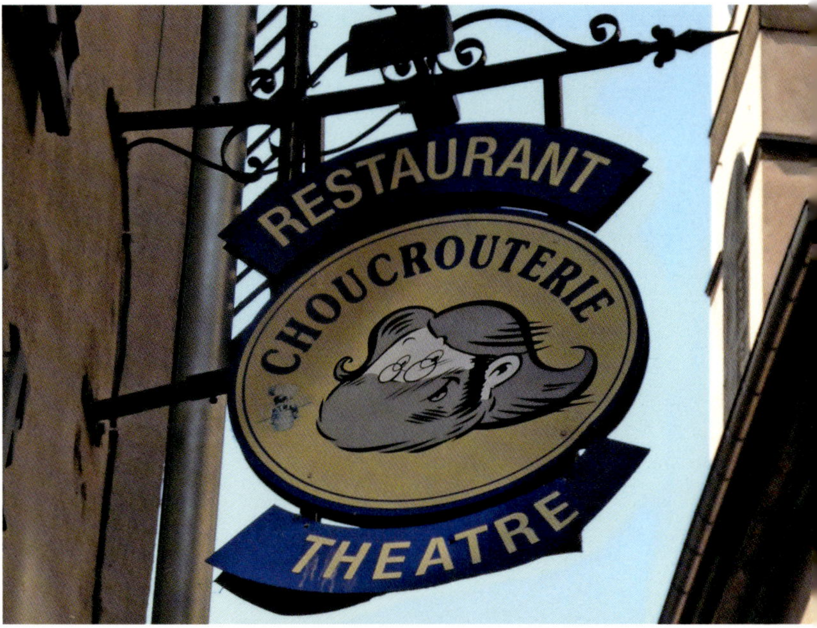
RESTAURANT
CHOUCROUTERIE
THEATRE

ROGER SIFFERS
SAUERKRAUTFABRIK

Roger Siffer sieht aus, wie ein Altachtundsechziger aussehen muss. Das inzwischen weiße Haar trägt er schulterlang, kluge Augen funkeln hinter runden Brillengläsern, er lächelt oft und gerne. Siffer ist Elsässer pur und dazu noch Liedermacher und Kabarettist.

Das Sauerkraut hat sein Leben bestimmt, den ersten öffentlichen Auftritt hatte Siffer 1968 beim Sauerkrautfest in Colmar, er sang Bob-Dylan-Songs auf Französisch. Ein spannendes Projekt nahm seinen Anfang. Gerade deshalb schien es ganz besonders passend, als er in den Achtzigerjahren des vergangenen Jahrhunderts eine leer stehende Sauerkrautfabrik im heimischen Straßburg am Altstadtrand erwarb und umbaute. Das Théâtre de la Choucrouterie oder das »Sürkrüt-Theat'r« hatte

> Ein Besuch im modernen Kultursender arte unweit der Innenstadt zeigt, wie deutsch-französische Kultur im Fernsehen funktioniert.

Premiere. Auf den zwei Bühnen wird Elsässisch und Französisch gesprochen. So eine Art bilinguales Simultantheater. Damals ein weitreichender Schritt, der sich in den vergangenen Jahrzehnten als wegweisend erwiesen hat. Dialekttheater in seiner höchsten Form. Sie müssen also nicht des Französischen mächtig sein, um mithalten zu können.

Natürlich sind die Stücke im Sauerkrauttheater politisch kritisch, wie es sich für einen Altachtundsechziger gehört. Roger Siffer ist die Galionsfigur der elsässischen Kultur und Mundart, ein Original mit viel Originalität. Inzwischen treten auch junge elsässische Talente auf, die aus der One-Man-Show ein herausragendes Ensemble machen. Im schön restaurierten alten Fachwerkhaus, dem »la Chouc«, bietet ein Restaurant auch Kulinarisches.

Das Ensemble macht im Sommer Straßburg-Pause und geht mit einem mehrsprachigen Programm auf Tournee, einzige Station in Deutschland war bislang Offenburg. Der Besuch im Théâtre de la Choucrouterie lohnt den Abstecher ins Elsass nicht nur für Altachtundsechziger, es ist ein grenzübergreifendes Erlebnis, anregend und aufregend zugleich.

Théâtre de la Choucrouterie · 20 rue de Saint Louis · 67000 Straßburg · Ticketreservierung auch auf Deutsch · Tel. +33/3/88 36 07 28 · www.theatredelachouc.com · Colmar Hauptbahnhof, TGV

KUNSTABSTECHER: FONDATION BEYELER

Ernst Beyeler war so etwas wie eine Legende in der Kunstszene des 20. Jahrhunderts. Gemeinsam mit seiner Frau Hildy schuf er die Fondation Beyeler, eine beeindruckende Sammlung und eines der schönsten und besten Museen Europas. Machen Sie einen Ausflug zur Kunst, gleich um die Ecke, nach Riehen bei Basel.

Ein lichtdurchfluteter Glasbau zieht klare Linien ins weiche Bunt des Parks der Villa Berower, der helle und schlichte Raum tritt zurück für die außergewöhnliche Kunst, die er beherbergt. Der Bau des angesehenen italienischen Museumsarchitekten Renzo Piano, speziell für die Kunstwerke im Besitz des Ehepaares Beyeler geschaffen, gewährt tiefe Einblicke und überraschende Ausblicke und fügt sich über die Spiegelungen im Wasser vor der Glasfront der Südseite harmonisch in die Umgebung ein. Wie ein Bild in seinen Rahmen schmiegt sich das Museum in den Park.

In Riehen bei Basel wird die umfassende Sammlung präsentiert. Dabei sind die wichtigsten Künstler des letzten Jahrhunderts ebenso vertreten wie Werke aus Ozeanien und Afrika. Claude Monet, Andy Warhol, Paul Klee, Marc Chagall, Piet Mondrian: Die Liste der Künstler ist lang und klangvoll. Der Wert der Sammlung ist atemberaubend, und sie wird von ständig wechselnden Ausstellungen komplettiert, die große internationale Kunst ist in Riehen zu Hause. Empfehlenswert ist die Führung, die man als Gruppe auch direkt buchen kann. Das Museum bietet außerdem auf Wunsch Führungen zu bestimmten Themen oder Künstlern an. Mittwochs ist Workshop, dann können Sie in der Werkstatt unter Anleitung selbst ausprobieren, was Sie soeben noch an der Museumswand bewundert haben und was doch eigentlich so einfach aussah. Ein kreativer Ansatz für sonst eher passive Museumsbesuche.

Die Fondation Beyeler bietet Fünf-Sterne-Kunst mit einer herausragenden Tageskarte wechselnder Spezialitäten – diese natürlich im Museumsrestaurant serviert. Der Museumsshop hat eine gute Auswahl an Büchern und Kunstdrucken sowie (typisch Schweiz) außergewöhnlicher Papeterie.

Fondation Beyeler · tgl. 10–18, Mi 10–20 Uhr · Erw. 25 SFR · Baselstrasse 101 · 4125 Riehen
Tel. +41/61/6 45 97 00 · www.fondationbeyeler.ch · Haltestelle: Basel Bad, ICE, Tram 6 bis Riehen

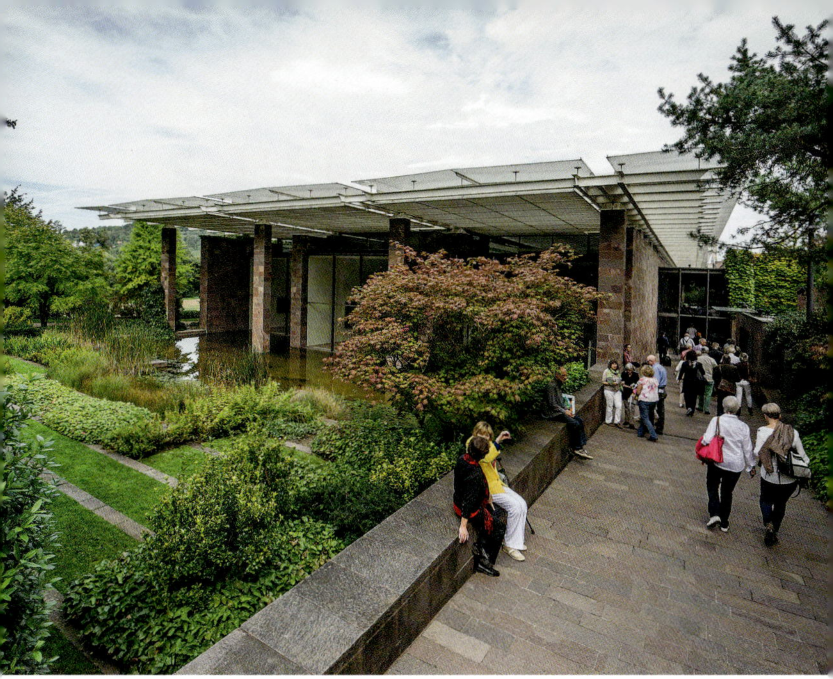

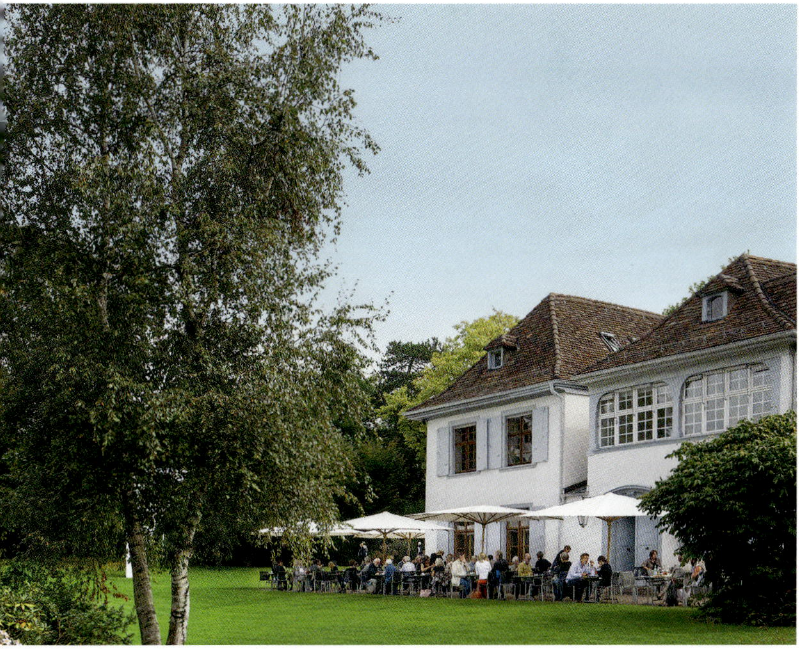

74 SONNTAGSKLASSIKER ST. OTTILIEN

St. Ottilien ist ein Sonntagsklassiker, den wahrscheinlich jede Freiburgerin und jeder Freiburger kennt und jede/r zweite schon mitgemacht hat. Sie können den traditionellen Familienausflug entweder als gemütlichen Spaziergang mit Kuchenabschluss oder als stramme Wanderung mit zünftiger Brotzeit gestalten.

Hinauf sind schon viele Generationen gepilgert, denn St. Ottilien ist ein Wallfahrtsort, ein Waldheiligtum. Auf dem Ottilien-Dobel sind Kapelle, Quelle und Grotte der heiligen Odilia geweiht, hier sollen Augenleiden geheilt werden. Die Kapelle wird oft für besondere Anlässe wie Taufen und Hochzeiten genutzt. Wer träumt nicht gerne unter Kastanien von der Zukunft?

Unterhalb von St. Ottilien finden Sie am Waldspielplatz Ochsengespann an der Kartäuserstraße eine Grillmöglichkeit. Die Holzskulpturen dort sind vom Freiburger Holzbildhauer Thomas Rees.

Wie so oft haben beide Seiten des Rheins (die Vogesen und der Schwarzwald) viel Ähnlichkeit miteinander. Auf dem französischen Odilienberg (Mont Sainte Odile) rund 100 Kilometer entfernt und nahe der Ortschaft Ottrott gelegen, wird dieselbe Schutzheilige verehrt, die heilige Odilia. Die Klosteranlage im Elsass, deren Äbtissin die heilige Odilia im 7. Jahrhundert war, ist allerdings um ein Vielfaches größer, und der Andrang vor allem im Sommer übersteigt bei Weitem den auf der Breisgauer Seite. Weil der französische Odilienberg höher, steiler und mit einer guten Straße ausgebaut ist, wird hier aber weniger gewandert und mehr gefahren.

Von der Dreisam aus lässt sich das idyllisch gelegene deutsche Pendant wunderbar zu Fuß oder mit dem Rad erkunden. Die Zufahrt zum Restaurant ist auch mit dem Auto möglich. Von der Kartäuserstraße aus finden Sie leicht den Weg mit den acht Kreuzwegkapellen hinauf. Wenn Sie vom Schlossberg aus kommen, brauchen Sie ungefähr eine Stunde. Mit dem Rad dauert es um die 15 Minuten, es sind nur etwas mehr als vier Kilometer Waldstraße. Ein Gasthaus steht schon seit über 500 Jahren dort oben. Früher wohnte da der Küster.

St. Ottilien · April–Okt. Mo–Sa ab 12, So ab 10, Nov.–März Do–Sa ab 12, So ab 10 Uhr
Kartäuserstraße 135 · 79104 Freiburg · Tel. 0761/6 32 30 · www.st-ottilien.com

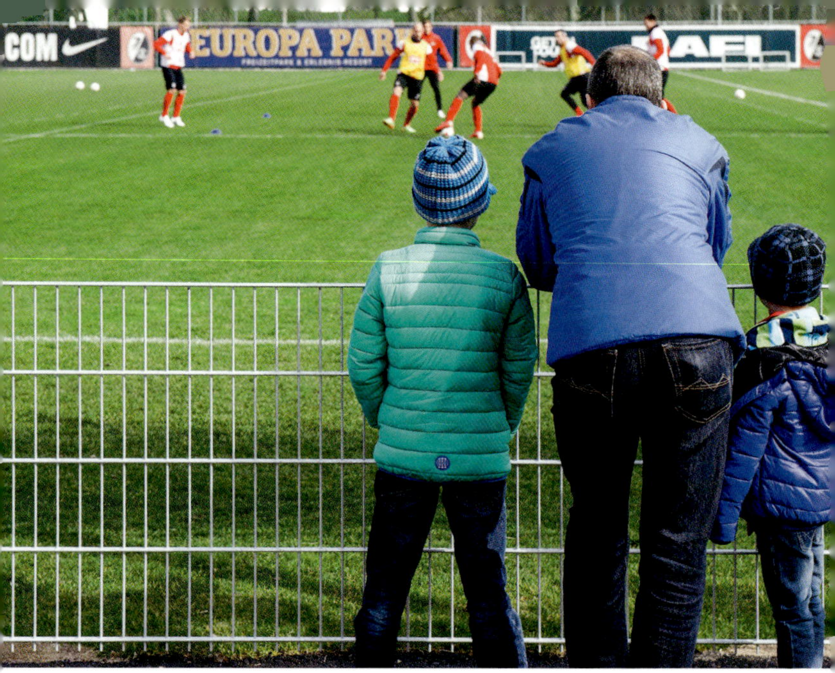
COM
EUROPA PAR

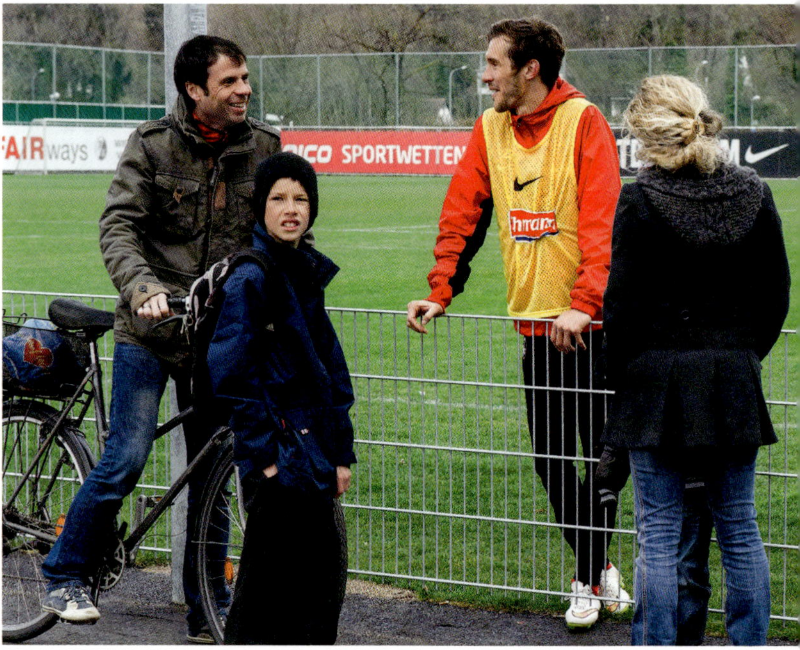
FAIRways
SPORTWETTEN

FUSSBALLSTARS ZUM ANFASSEN

75

Freiburg hat viel zu bieten, aber Stars sind hier meist Mangelware. Zumindest was Film oder Fernsehen anbelangt. Das zählt jedoch nicht für den Sport, denn hier sind sie zahlreich, vor allem die, die kicken können. Und damit ist nicht nur der Trainer der Weltmeister vom Jahr 2014, Joachim Löw, gemeint.

Sie sind die Helden der Stadt, und wer glaubt, sie faszinieren nur kleine Jungen, der liegt mächtig schief. Die Profis des SC Freiburg sind angesagt bei den kickenden Jungs und Mädels, bei bewundernden Teenagern und ihren Vätern und Müttern. Fan des SC Freiburg zu sein ist bei vielen eine Familienangelegenheit, gemeinsam mitfiebern, mitfreuen, mitleiden.

Wollen Sie den Stars begegnen, um Autogramme und Fotos zu erhaschen, müssen Sie nur zur richtigen Zeit am richtigen Ort sein: Da gehen die Spieler zum Auslaufen oder Ausradeln, wenn sie am Samstag gespielt haben. Auf dem Rückweg geben sie bereitwillig Autogramme oder lächeln in die Handys. Am besten haben Sie einen Stift zur Hand – und müssen sich trauen. Der Trainer ist immer bereit für eine Unterschrift, eine kleine Unterhaltung und ein Foto. Fannähe wurde in Freiburg immer schon groß geschrieben.

Die 45 Minuten Wartezeit, während die Spieler vom Vortag die Muskeln locker machen, können Sie sich damit vertreiben, indem Sie den Ersatzspielern beim Trainieren auf dem Platz zusehen und den ein oder anderen Ball zurückschießen. Die Kleinen spielen beglückt nach, was sie da sehen, und die Großen können entspannt plauschen: Schade um den Punkt gestern, aber vielleicht war auswärts nicht mehr drin. Und der Elfmeter!

Im Füchsleclub wird für Kinder bis zu 13 Jahren noch viel mehr geboten. Das gibt es Gesprächsrunden mit SC-Profis, Stadionführungen und Auswärtsfahrten, einen Newsletter und eine eigene Webseite, dazu einen Mitgliedsausweis und freien Eintritt zu den Spielen in der Freiburger Fußballschule. Außerdem Veranstaltungen wie Ausflüge, Weihnachtsfeier und Lesungen. Das alles für nur 20 Euro Beitrag im Jahr.

SC Freiburg · Schwarzwaldstraße 193 · 79117 Freiburg · Tel. 0761/38 55 10
www.scfreiburg.com · Haltestelle: Römerhof, Stadtbahn S1

76 KOCHEN UND FEIERN IN DER LOKATION

Die Bezeichnung »location« wird inzwischen viel zu inflationär gebraucht. Alles ist eine Location, alles irgendwie hip und überhaupt. Diese LOKation ist zwar auch hip, hat mit Lok zu tun, einiges zu bieten und ist überhaupt nicht inflationär. Sie ist lecker, lustig und gesellig, stylishes Ambiente mit Industriecharme inklusive.

Die alte Lokhalle auf dem Güterbahnhof ist ein cooles Stück Freiburger Industriegeschichte. Geschwungene Giebelfassaden, wuchtige Bogenfenster und rotbraune Ziegelmauern aus der Zeit der Jahrhundertwende. Alles zusammen versprüht jede Menge Charme. Geblieben ist das industrielle Ambiente der alten Halle, der Rest ist hochmoderne und bis ins letzte Detail durchdesignte Inneneinrichtung. Was Sie daraus machen, ist Ihnen als Gast überlassen. Sie haben die Freiheit, zu feiern, wie Sie wollen, für das Ambiente und Kulinarische sorgt das erfahrene Eventteam.

Hier finden Veranstaltungen jeder Art statt, und alle haben etwas mit Kochen zu tun. Wie wäre es etwa mit einem Kochevent zusammen mit Ihren Freunden oder Ihrer Familie unter dem Motto »Weg vom klassischen Kochkurs und hin zu COOKtainment«? Oder Kochen im Rahmen eines kleinen Wettbewerbs? Dann teilen die Köche die Gäste in Gruppen ein, Oma zur Hauptspeise, Tante Karin zum Dessert, Mama macht die Vorspeise. Unter Anleitung wird gemeinsam geschnitten und geschält, gebrutzelt und gelacht. Großzügige Flächen zum Arbeiten und Anrichten bieten viel Platz, sodass alle ausreichend Raum für Kreativität haben und sich die Köchinnen und Köche untereinander nicht in die Quere kommen. Am Ende stehen ein Mehr-Gänge-Menü und ein Sieger. Erstaunlicherweise sind das nicht notwendigerweise immer die, die normalerweise die Küchen beherrschen. Und das Beste: Das Spülen und Aufräumen übernimmt das Team.

Wer will, kann auch einfach kochen lassen und eine Party feiern. Perfekt für den nächsten runden Geburtstag oder die Weihnachtsfeier der Firma, denn ein unvergessliches Erlebnis ist es immer.

Die LOKation · Paul-Ehrlich-Straße 13 · 79106 Freiburg · Tel. 07 61/88 79 54 44
www.die-lokation.de · Haltestelle: Rennweg, Stadtbahn S4

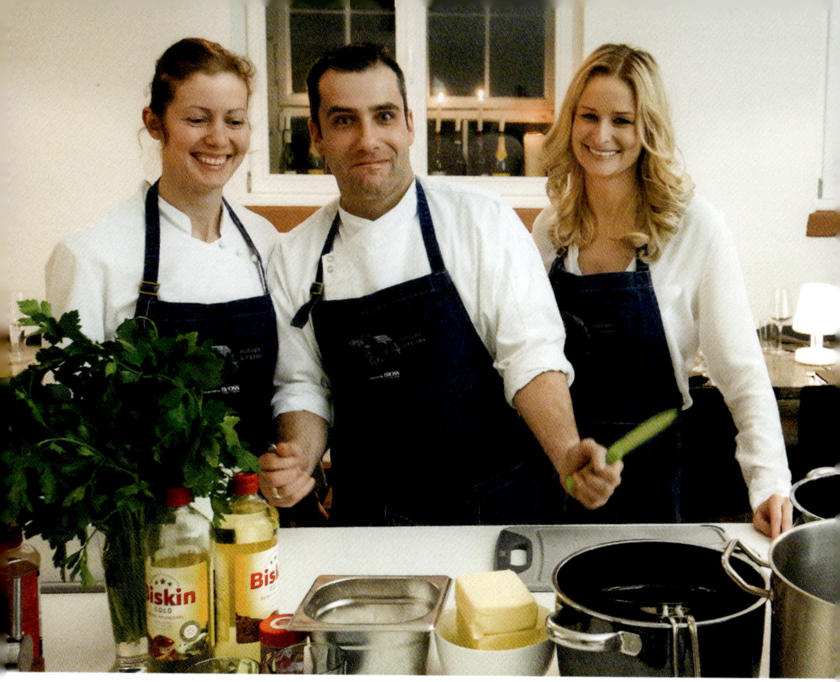
Biskin

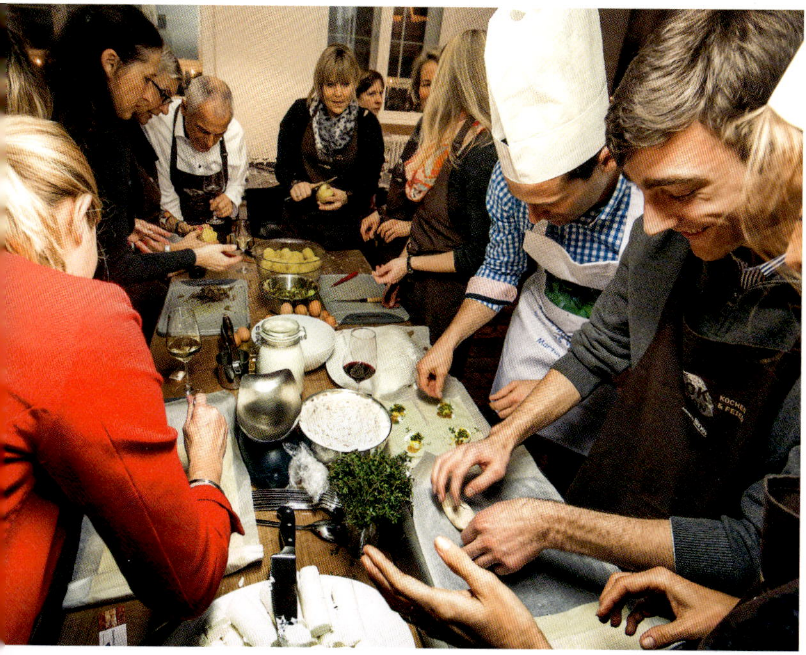

77 PILOT FÜR EINEN TAG

Drüben der Rhein, da die undurchdringlichen Baumreihen des Schwarzwalds, der hohe Turm des Freiburger Münsters ragt heraus, die Weinberge des Kaiserstuhls sanft hügelig am Horizont – Altbekanntes aus einer völlig neuen Perspektive erleben kann atemberaubend sein. Ein Gyrocopterflug vom Freiburger Flughafen aus, und schon sind Sie Pilot für einen Tag.

Wie ein Motorrad, nur in der Luft, ähnlich einem Hubschrauber, nur offen: Ein Gyrocopter ist ein Tragschrauber, der Propeller lässt ihn fliegen. Die Beschleunigung am Boden ist größer, als Sie es bei dem kleinen Vehikel vermutlich erwarten. Fast 100 Stundenkilometer, da brauchen Sie schon ein wenig Nerven beim Start, schließlich sitzen Sie in einem offenen Gefährt und spüren den Gegenwind. Fenster Fehlanzeige. Und los geht's entlang der Wunschroute! Das Panorama ist traumhaft. 600 Meter geht es hoch in die Luft, dann ist die Reisehöhe erreicht, und bei allen, die ein Kribbeln in luftiger Höhe spüren, entspannt sich der Magen. Da der Fahrtwind und nicht der rund 100 PS starke Motor den Rotor antreibt, ist der Flug selten ruppig oder wacklig.

Für alle, die gerne Motorrad fahren, ist ein Gyrocopterflug das perfekte Erlebnis, nur mit ein wenig mehr Karbon statt Chrom. Um die 250 Kilo bringt ein Gyrocopter auf die Waage, da sind die meisten großen Motorräder schwerer. Sie sollten sich aber warm anziehen, hoch oben in der Luft ist es ziemlich zugig und kalt. Am besten Mütze und Handschuhe mitnehmen. Und auch Sonnenbrille und Sonnenschutz sollten Sie nicht vergessen. Dann steht dem Genuss von Weite nichts mehr im Weg.

Angst um Ihre Sicherheit müssen Sie keine haben. Der Gyrocopter ist flugfähig, auch wenn der Motor ausfällt. Selbst fliegen können Sie ihn allerdings nur, wenn Sie eine Lizenz haben. Vielleicht dürfen Sie mal kurz das Steuer übernehmen. Den Rest macht der Pilot, da müssen Sie sich um die Landung keine Sorgen machen. Je nach Dauer kostet der Rundflug zwischen 95 und 345 Euro. Auf Wunsch erhalten Sie außerdem ein HD Video vom Flugerlebnis.

TAKEOFF Aviation · Am Flughafen 3c · 79108 Freiburg · Tel. 07 61/48 99 66 58
www.flugschule-takeoff.de · Haltestelle: Freiburg am Flughafen, Bus 22

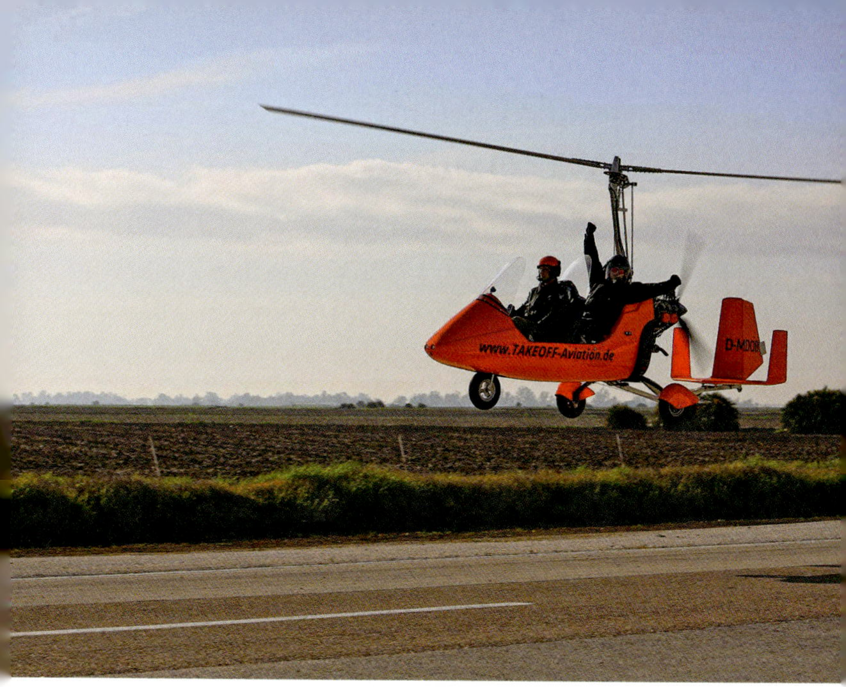
www.TAKEOFF-Aviation.de

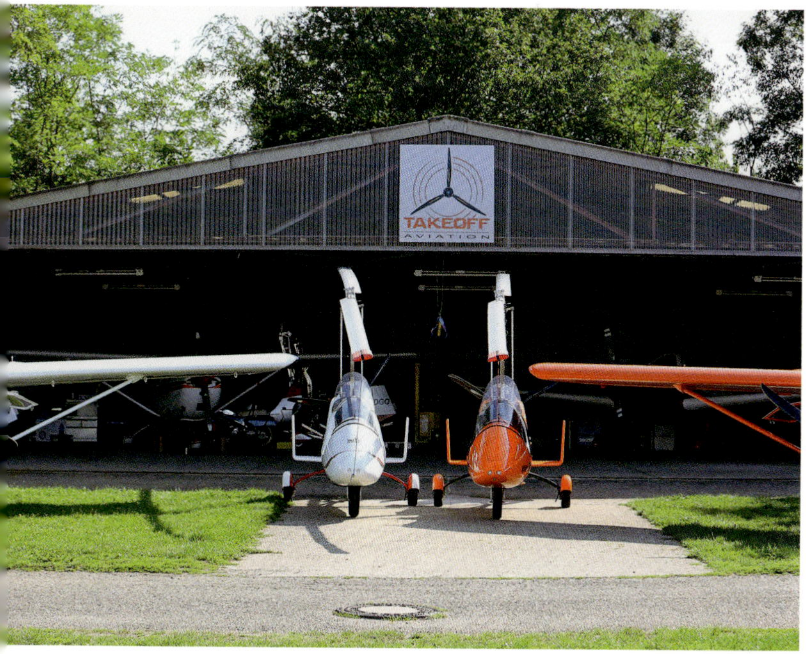
TAKEOFF
AVIATION

78

WO WOCHENTAGS
MOTOREN RÖHREN

Für Motorradfahrer gibt es viele schöne und anspruchsvolle Touren rund um Freiburg, aber nur eine ist Kult. Eine anspruchsvolle Bergstrecke hinauf auf den Schauinsland zieht unter der Woche die Biker magisch an. Am Wochenende ist die Strecke für Motorradfahrer gesperrt.

Es gibt Kurven, die sind Mythen im Rennsport. Echte Klassiker, die Rennfans immer und überall erkennen würden. Kurven mit Geschichte und Geschichten. Klassiker aus Teer und Asphalt. Die Kurve an der Holzschlägermatte ist so ein Klassiker, viel mehr als nur eine Richtungsänderung der Fahrbahn.

In den vergangenen Jahrhunderten wurde auf dieser Strecke das Holz vom Schwarzwald nach Freiburg hinuntergefahren. 1925 fand hier das erste Rennen statt: 12 Kilometer, 780 Höhenmeter, unfassbare 100 000 Zuschauer sahen zu.

Das Rennen hinauf auf den Schauinsland wurde zu einem der beliebtesten Bergrennen Deutschlands, nicht nur für Motorradfahrer. Keine Strecke ist länger und hat mehr Kurven. In den Anfängen waren es 173 auf unbefestigter Straße. Kurz nach der Kurve auf der rechten Seite steht heute noch ein kleines Gebäude, das für den Rennbetrieb genutzt wurde. An der Holzschlägermatte wurde 1931 sogar der Große Bergpreis von Deutschland ausgefahren. Heute herrscht Stille an den Wochenenden. Die Motorradfahrer

Wenn Sie gemütlich einen Gang runterschalten und zuschauen wollen: Der Waldgasthof Holzschlägermatten empfängt seine Gäste mit heimischen Spezialitäten aus regionalen Produkten.

dürfen diese Strecke von April bis November samstags und sonntags nicht befahren. Es gab zu viele schwere Unfälle in der Vergangenheit. Bei gutem Wetter sammeln sich die Biker wochentags im Gasthaus Holzschlägermatte an der Kurve und lauschen. Man hört die Motorräder schon von Weitem, hört sie Gas geben, dann runterschalten, dann mit Vollgas aus der Kurve kommen.

Gasthaus Holzschlägermatte · Mi–So 11–22 Uhr · Schauinslandstraße 359 · 79100 Freiburg Tel. 0 76 02/9 20 91 40 · www.holzschlaegermatte.de · mit dem Auto oder wochentags mit dem Motorrad, keine öffentlichen Verkehrsmittel

EISENBAHN-ROMANTIK MIT DEM CHANDERLI

Es raucht, es faucht, es rattert. S'Chanderli isch do. Die Kandertalbahn ist ein Museumszug, in dem viel Arbeit und Liebe steckt und der nicht nur für Eisenbahnenthusiasten und Zugliebhaber viel Spaß auf dem Weg von Basel nach Freiburg garantiert.

Zwischen 1894 und 1895 wurde die Bahn gebaut. Früher führte sie über 12,9 Kilometer von Haltingen nach Kandern. Knapp 100 Jahre später zerstörte ein schwerer Sturm die Gleise gleich an mehreren Stellen. Die Bahn gab daraufhin die Nebenlinie auf, bis eine Interessengemeinschaft die Strecke und die Bahn renovierte und seit 1986 auch wieder betreibt. Die historischen Loks (Diesel und Dampf) zuckeln unter Glockengebimmel und Getöse Richtung Schweiz. Die Kandertalbahn ist eine echte Bimmelbahn. Da wäre die Dampf-

lok 30 von 1904 oder die Diesellokomotive EM 3/3, ein Einzelstück der Firma Krupp aus dem Jahr 1954, derzeit aber ohne Zulassung. Die Personenwagen stammen aus dem 19. und 20. Jahrhundert. Faszination Eisenbahn, ganz weit weg von Handytickets und überfüllten ICEs mit geänderter Wagenreihung.

Von Haltingen geht es über Binzen und Rümmingen nach Wittlingen. Insgesamt überwindet die Kandertalbahn zwei Brücken, eine davon in Wollbach. Nach Hammerstein beginnt der schönste Streckenabschnitt. In der

Die Keramik-Werkstätten in Kandern lohnen sich. In der Alten Schmiede werden Töpferwaren und regionale Naturkost angeboten, auch eine Weberei gibt es vor Ort.

Wolfsschlucht gab es in den Anfangsjahren der Bahn ganze drei Anschlüsse zu den dortigen Steinbrüchen, die Bahn beförderte die Arbeiter. Kurz vor Ende der Strecke überquert sie auf der zweiten Brücke die Kander. Nach 45 Minuten ist sie am Ziel. Möchten Sie einen Blick hinter die Kulissen werfen? Dann können Sie eine Lokschuppenführung mitmachen. Traditionell startet die Chanderli am 1. Mai, verkehrt ab da jeden Sonntag und endet im Oktober.

Kandertalbahn · von Freiburg aus alle 60 Minuten mit RE oder RB bis Haltingen Bahnhof
www.kandertalbahn.de

80 RAFTING – VON WILD BIS GEMÜTLICH

Wer an Rafting denkt, hat unweigerlich Bilder von stillen Wassern in Kanadas Einsamkeit oder wild sprühender Gischt in den Schluchten des Grand Canyon vor Augen. Ganz so wild geht es im Südschwarzwald nicht zu, aber schön ist es auch auf den Flüssen und Seen der Region.

Die entspannte Fraktion genießt Natur und Ruhe auf den Altrheinarmen. Beim sogenannten Soft-Rafting gehen Sie als Gruppe mit einem erfahrenen Steuermann auf den Rhein, paddeln gemeinsam und sehen Vertrautes aus völlig neuer Perspektive. Weinberge ziehen vorüber, Wälder spenden Schatten, ein Graureiher fliegt unter lautem Protest ins Blau des Sommerhimmels. Die Großrafting-Boote können eigentlich nicht kentern, und das gemeinsame Erlebnis von Natur und Paddeln ist ideal für Einsteiger. Eine Rafting-

Tour auf dem Rhein dauert 2,5 bis 3 Stunden. Die Boote fassen zwischen drei und 15 Personen. Und: Sie sollten Sonnen- und Insektenschutz dabeihaben.

Die Wutachschlucht ist nicht der Wilde Westen, bietet aber auch wilde Wasserströme in fantastischer, ursprünglicher Natur. Befahren werden kann die Wutach allerdings nicht. Das Wildeste, was die Region zu bieten hat, ist Hochwasser-Rafting bei Bad Bellingen, das sprudelt kräftig. Generell aber geht es eher ruhig zu beim Rafting in der Region. Das Angebot für Wasserfreunde ist groß und das Wetter in der Regel so gut, dass Sie sich gerne auch ein bisschen nass spritzen lassen.

In Rust können Sie auf den verzweigten Altrheinarmen mit Stocherkähnen fahren (www.rust.de). Hier ist der Fluss noch in seiner Ursprünglichkeit erhalten geblieben. Ein Urwald nur einen Katzensprung von der Zivilisation entfernt. Sie werden sich schnell an den Umgang mit den Kähnen gewöhnen, die früher das Leben der Menschen am großen Fluss geprägt haben. Wer in Ruhe stochern will, sollte den Mückenschutz nicht vergessen! Oder vielleicht doch lieber ein Floß bauen, mit Fässern, Seilen und Stämmen? Dieses Abenteuer ist in ganz Südbaden möglich.

Kanustation & Rafting Black Forest Magic · Im Mittelgrund · 79415 Bad Bellingen
Tel. 0 76 64/6 13 77 00 · www.blackforestmagic.de · die Touren starten an unterschiedlichen Orten

81 WEIHNACHTSDEKO AUS DEN RHEINAUEN

Sie müssen weder Hexe noch Druide sein, um sich aufzumachen in die Wildnis und Misteln zu sammeln. Die grünen Büschel sind hübsche Dekoration in der Weihnachtszeit, egal ob natürlich grün oder mit Silber- und Goldspray veredelt. Außerdem bringt ein Kuss unter dem Mistelzweig angelsächsische Adventsromantik ins Haus.

Aus mystischer Begeisterung gleich mit einer Sichel loszuziehen ist wenig ratsam. Die Verletzungsgefahr ist viel zu groß, außerdem erfordert eine Sichel auch das Erklettern des Baums, auf dem sich die Mistel befindet. Ein Job für Druiden? Vielleicht, aber eher nicht für Freunde der natürlichen Dekoration.

Es gibt im Prinzip zwei zeitgenössische Varianten der Mistelernte: die Handsäge an einer ausfahrbaren Stange oder ein langes Seil mit einem

Gummigegenstand am Ende, zum Beispiel ein Hundespielzeug oder Ähnliches. Das wird auf den Baum geworfen und die Mistel dann mit Zug abgebrochen. Das Problem ist, dass die schönsten Misteln oft sehr weit oben sind.

Die Frage, wo Sie am ehesten Misteln finden, ist schnell beantwortet: überall am Rhein. Aber aufpassen, in Landschaftsschutzgebieten dürfen Sie keine Pflanzen mitnehmen. Auch keine Misteln, obwohl sie gemeinhin als Schädlinge gelten. Dort gibt es zwar die schönsten Exemplare, aber die sind tabu. Der Trick ist, einfach die in den Randgebieten zu nehmen, das sind Ausläufer der Naturschutzgebiete, die nicht mehr als solche gelten. Wenn Sie nur eine Mistel mitnehmen, richten Sie keinen Schaden an.

Misteln wachsen vor allem auf Pappeln (oder auch an vernachlässigten Obstbäumen), und diese finden Sie an Wasserläufen oder auch rund um stehende Gewässer. Schon von der Autobahn aus können Sie sie problemlos erspähen, nur das Wiederfinden kann mitunter schwieriger sein, als man denkt. Zu Hause können Sie die Misteln dann entweder mit einem schlichten dünnen Seil oder mit Bast an die Decke hängen oder mit Silber- oder Goldspray überziehen und mit einer Kordel oder einem Samtband an einem Haken befestigen. Besprühen sollten Sie die Zweige in jedem Fall im Freien, denn sonst glitzert danach auch der Teppichboden.

82 PILZPARADIES BURG RÖTTELN

Pilze sind leckere Extras, die Sie von einem Waldspaziergang mitbringen können. Sie enthalten wertvolle Aminosäuren und sind fettarm, eine ideale Zutat für gesundheitsbewusste Köche; und wenn die Pilze selbst gesammelt und eindeutig bestimmt wurden, schmeckt man auf dem Teller auch ein wenig die Finderfreude mit.

Natürlich gilt für die Pilze rund um die Burg Rötteln, was für alle Pilze überall auf der Welt gilt: Wer sich nicht genau auskennt, der sollte keine sammeln, vor allem aber keine selbst gesammelten essen. Schließlich gibt es über eine Million verschiedene Arten, nur ein ganz kleiner Teil ist essbar. Vorsicht ist immer geboten. Steinpilze, Pfifferlinge und Morcheln stehen unter Naturschutz und dürfen nicht im großen Stil gesammelt werden. Wer in geringen Mengen und für den eigenen Bedarf sammelt, der muss sich aber keine Sorgen machen, das ist erlaubt. Am rund fünf Kilometer entfernten Tüllinger Berg ist es allerdings verboten, es handelt sich um ein Landschaftsschutzgebiet.

Mit einem Körbchen und einem scharfen Küchenmesser sind Sie für die geplante Pilzexpedition bestens ausgestattet. Die Pilze abschneiden und immer ein paar stehen lassen, damit sie wieder wachsen. Eventuell entstandene Löcher im Boden sollten Sie zudrücken. Dann schnell davonhuschen, Sie wollen die Fundstellen schließlich geheim halten.

Pilze sammeln hat den Charme der Ursprünglichkeit, der Rückkehr zu den Anfängen der Menschheit, als die Männer Jäger und die Frauen Sammlerinnen waren. Diese Frauen der Frühzeit durchstreiften ebenfalls die Wälder im Süden. Kelten, Germanen, sie alle sammelten Pilze und fügten ihrer Nahrung damit wichtige Vitamine und Mineralien hinzu.

Wenn Sie nicht während der Pilzzeit unterwegs sind, bietet Ihnen ein Abstecher zur Burg Rötteln eine imposante Alternative. Die riesige Ruine ist eine der größten in Baden. Ihre wuchtigen Mauern erstrecken sich auf einem 300 Meter hohen Bergsporn über Lörrach.

Burgruine Rötteln · Mitte März–Anfang Nov. tgl. 10–18, Anfang Nov.–Mitte März
Sa, So 11–16 Uhr · Erwachsene 2,50 € · 79541 Lörrach · Tel. 0 76 21/5 64 94
www.burgruine-roetteln.de · Haltestelle: Bahnhof Lörrach-Haagen/Messe, RB, dann ca. 20 Min. Fußweg

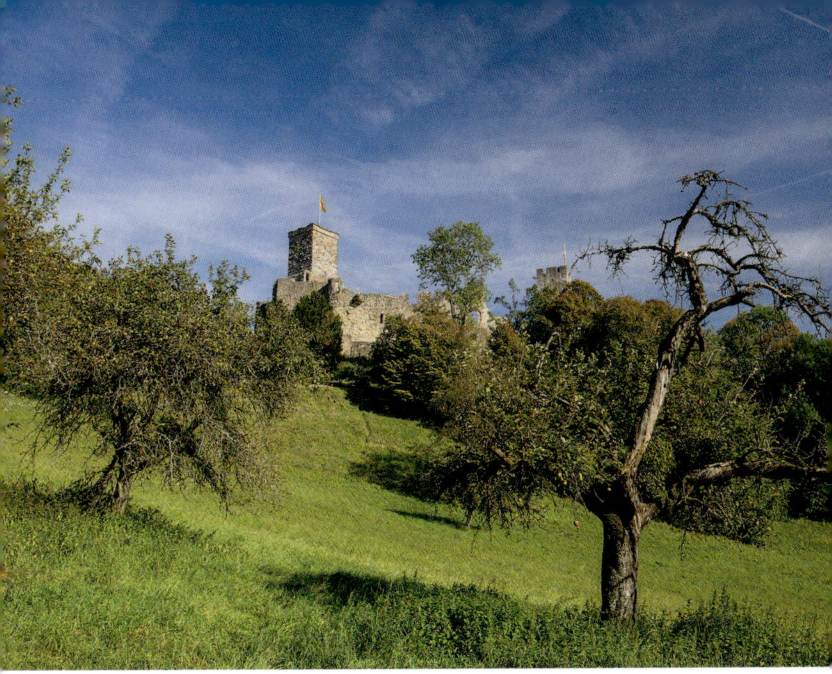

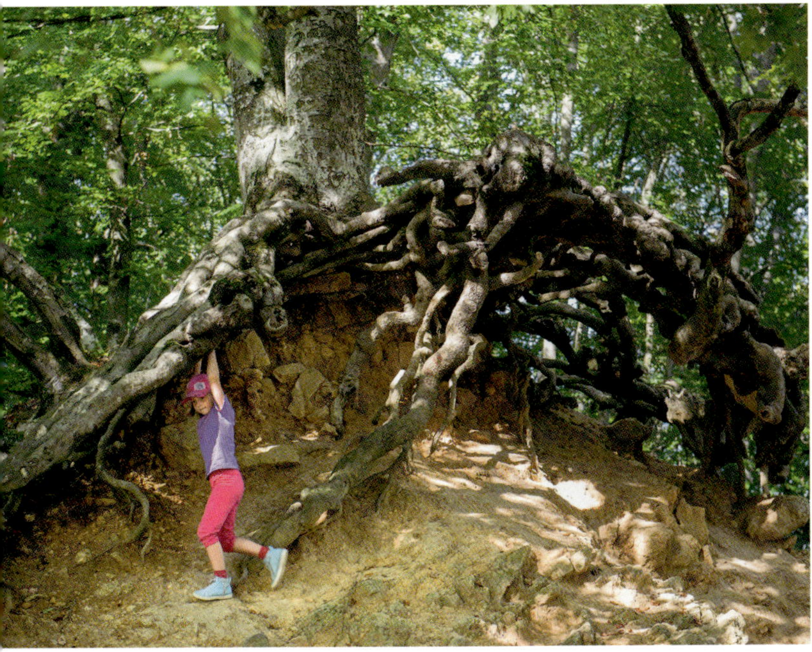

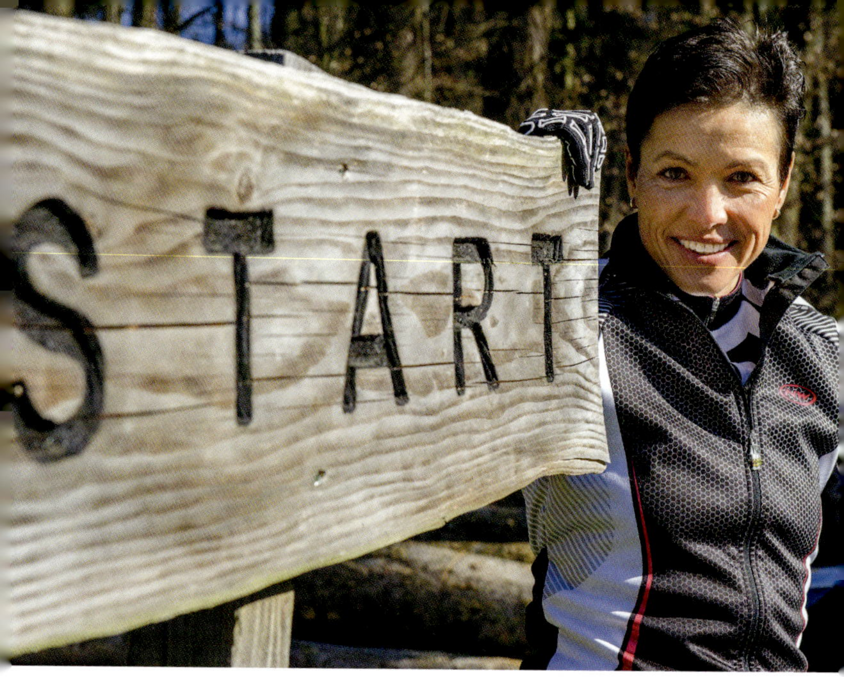
START

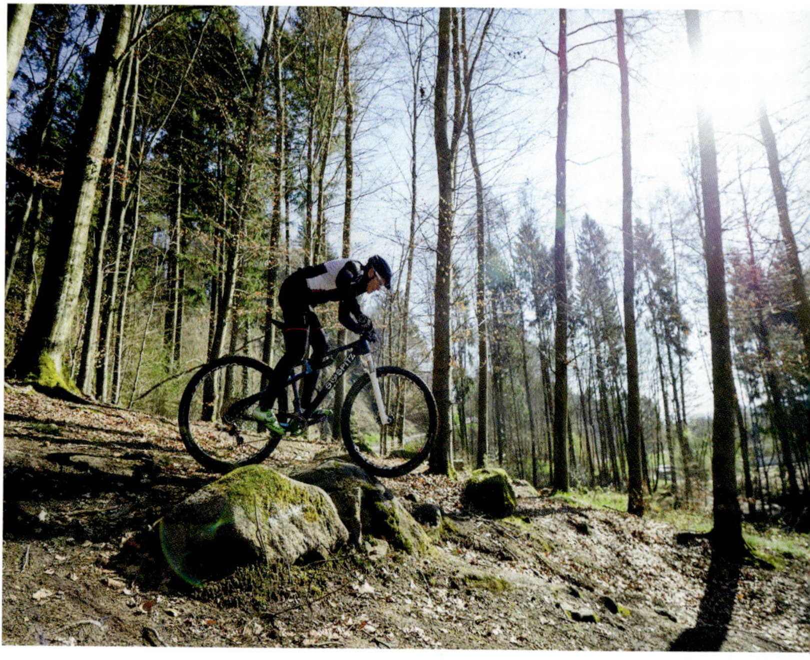

CROSS COUNTRY MIT OLYMPISCHEN EHREN

Das Mountainbike ist wahrscheinlich das beliebteste Sommersport-gerät in der Region rund um Freiburg. Berge locken Stollenreifen-enthusiasten zu jeder Jahreszeit. Wenn Sie das Radfieber ebenfalls gepackt hat: Die ultimative Herausforderung wartet auf Sie in Bad Säckingen, eine Mountainbikestrecke der Extraklasse.

Das Vorderrad zieht sicher durch den Schlamm, doch dann fordert der nächste Drop die Federung, die Downhill-Passage beansprucht alle Kraft am Lenker, wer die Technik nicht drauf hat, der wird Probleme bekommen auf der Bad Säckinger Mountainbikestrecke. Konzipiert hat sie Sabine Spitz, die hier geboren wurde und bei olympischen Spielen so erfolgreich war wie keine andere Deutsche: Gold, Silber und Bronze. Dazu war sie Weltmeisterin, Euro-pameisterin und unzählige Male Deutsche Meisterin. Die Ausnahmeathletin aus dem Hotzenwald galt zu ihrer aktiven Zeit als überragende Technikerin, und das merkt man ihrer Strecke auch an.

Die »Gold-Trophy-Sabine-Spitz« – so der Name der Mountainbike-strecke – wurde 2012 mit der Deutschen Meisterschaft eingeweiht. Sie führt quer durch den Hotzenwald, ist 3,9 Kilometer lang und überwindet 144 Hö-henmeter. Hier gibt es alles an technischen Herausforderungen, was ein Mountainbiker zum Trainieren braucht, am spektakulärsten sind vielleicht die Steilwandkurven. Wenn Ihnen das ein bisschen zu viel des Guten ist: Die be-sonders anspruchsvollen Streckenteile können Sie dabei jeweils umgehen (es gibt eine A- und eine B-Strecke). Oder Sie nehmen an einem Sabine-Spitz-MTB-Camp teil, profitieren von den Erfahrungen der Athletin und optimieren Ihr Können übers Wochenende (https://beitune.de).

Die ultimative Mountainbike-Herausforderung beginnt direkt am Wald-bad in Bad Säckingen. Dann heißt es, Helm übergestülpt, tief einatmen, weit blicken, Hände am Lenker halten, in die Pedale treten und auf den Spuren von Sabine Spitz durch die Landschaft düsen.

Mountainbikestrecke Bad Säckingen · Waldbad, Bannweg 2 · 79713 Bad Säckingen
www.ferienwelt-suedschwarzwald.de/erleben/radfahren/mtb-arena-sabine-spitz · Haltestelle:
Bahnhof Bad Säckingen, alle 40 Minuten vom Bahnhof Freiburg mit IC, RE, RB, Fahrzeit 1 Stunde

84 HUSKIES, MUSHER UND WETTKAMPF IM SCHNEE

Stimmengewirr, Hundegebell, der Schnee knirscht kalt unter den Schuhen, durch die Lautsprecheranlage wird der nächste Starter ausgerufen. Aufgeregte Hundelaute mischen sich mit dem Applaus, der einen Schlitten ins Ziel begleitet. Ein kühler Wind streift über die Hügel, es riecht nach Weite und Einsamkeit.

Ein Hauch von Alaska weht durch den Schwarzwald, wenn in Todtmoos der Schnee glitzert und die stahlblauen Augen der Huskies erwartungsfroh auf ihre Schlittenführer schauen. Im Sommer sieht man sie rund um Todtmoos und Bernau häufiger trainieren. Die Schlitten auf Rädern werden auch dann von den Gespannen eifrig gezogen, der Musher gibt den Ton an, und je nach Größe des Gespanns folgen zwischen zwei und zwölf Hunden seinen Anweisungen. Der Führhund läuft vorne, er ist der erste Ansprechpartner für den Schlittenführer. Führhunde sind verantwortungsvolle Hunde, sie haben den Instinkt, den man nicht trainieren kann. Der Musher muss sich ein Stück weit auf diesen Instinkt verlassen, und diese besondere Bindung zwischen Leithund und Mensch kann bei einem Rennen den Erfolg ausmachen. Huskies sind wilde Hunde, die viel Bewegung brauchen. Oft sind es Mischlinge, die die besten Schlittenhunde abgeben. Man kennt sie aus vielen Geschichten über Alaska, jene Hunde, die ihren Herrchen das Leben retteten, oder der legendäre Balto, der sterbenden Kindern rettendes Serum 1000 Meilen weit trug.

Im Rennen erreichen die Schlitten bis zu 40 Kilometer in der Stunde, eine rasante Angelegenheit. Auf den Strecken rund um Todtmoos mit Steigungen, Gefälle und vielen zum Teil engen Kurven können Sie das Spektakel miterleben. Stellen Sie sich einfach an den Rand und sehen Sie zu. Saugen Sie die Atmosphäre in sich ein und träumen Sie von Abenteuern in Alaska. Schlittenhunderennen haben auch in Bernau Tradition, und sie sind, ob Sprint oder Langdistanz, international besetzt. 2000 Hunde und 300 Musher bringen mehr als nur einen Hauch von Alaska in den Schwarzwald.

Tourist-Info Todtmoos · Mo–Fr 9.30–17, Mai–Okt. auch Sa, So 10.30–12 Uhr · Wehratalstraße 19 79682 Todtmoos · Tel. 0 76 52/1 20 68 95 49 · www.todtmoos.de · Transfer zum Renngelände mit Shuttlebussen ab Todtmoos · Haltestelle: Todtmoos Busbahnhof, Bus 7321 ab Todtnau Busbahnhof

85 BUNTES SCHNEE-TREIBEN IN BERNAU

Jeder kennt das: Man stapft mühsam mit dem Schlitten im Schlepp-tau durch den Tiefschnee bergauf – das dauert eine ganze Weile und kann ganz schön anstrengend sein, je nachdem, wie lang der Hang ist. Handelt es sich um die längste Rodelstrecke im Schwarzwald, dauert's umso länger. Die rasante Abfahrt mit dem Schlitten dagegen ist schnell erledigt. Was also tun?

Ein Pistenbully-Taxi ist die Lösung! Die Schneeraupe befördert Fahrer und Gefährt bequem vom Bernauer Ortsteil Hof auf die 1294 Meter hoch gele-gene Krunkelbachhütte. Von dort geht es in einer dreieinhalb Kilometer lan-gen Abfahrt, die mal eben locker 400 Höhenmeter überwindet, rasant bergab hinunter in den Ort. Und anschließend wieder hoch. Und wieder runter. Und das so lange, bis Sie vor Erschöpfung einfach nicht mehr können.

Die Fahrgäste werden an der Talstation des Skilifts Hofeck eingesammelt, und dann geht es flugs hinauf zur höchstgelegenen Hütte des Schwarz-waldes. Wenn Sie keinen eigenen Schlitten dabei haben, können Sie sich an der Krunkelbachhütte einen ausleihen, den Sie dann bequem an der Tal-station des Skilifts wieder abgeben können. Möchten Sie eine Winterwande-rung oder eine Schneeschuhtour unternehmen, können Sie sich ebenfalls den Luxus einer Pistenbully-Taxifahrt gönnen.

Und wer immer noch ausreichend Puste hat: In Hof, dort, wo der Pisten-bully startet, warten zwei Skilifte, einer 690 Meter lang, der andere 200 Me-ter lang. Mit ihnen können Sie sich dem Skispaß auf gut präparierten Pisten hingeben – und wenn Frau Holle es mal nicht so gut mit dem Schnee meint, hilft die Schneekanone ein bisschen nach.

Die Krunkelbachhütte ist übrigens eine lauschige Berghütte zwischen den Bergen Herzogenhorn und Spießhorn. Es lohnt sich durchaus, ihr auch einmal im Sommer einen Besuch abzustatten, im urigen Berggasthof zu speisen und sogar dort zu übernachten! Über den Bernauer Ortsteil Hof ist die Hütte in eineinhalb Stunden zu Fuß erreichbar.

Berggasthof Krunkelbachhütte · Krunkelbachweg 10 · 79872 Bernau im Schwarzwald
Tel. 0 76 75/3 38 · www.krunkelbach.de · Haltestelle Bernau im Schwarzwald, S-Bahn S1, RB

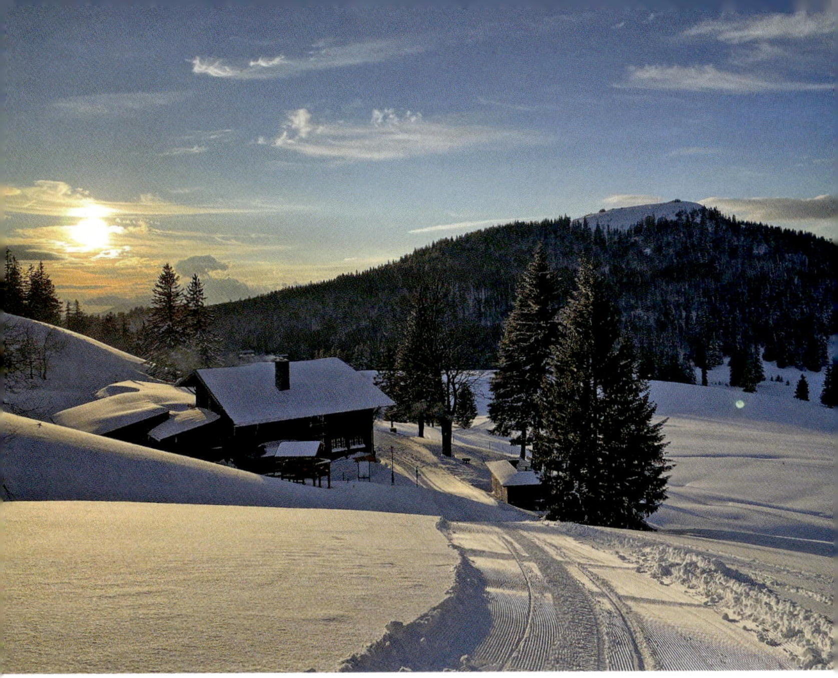

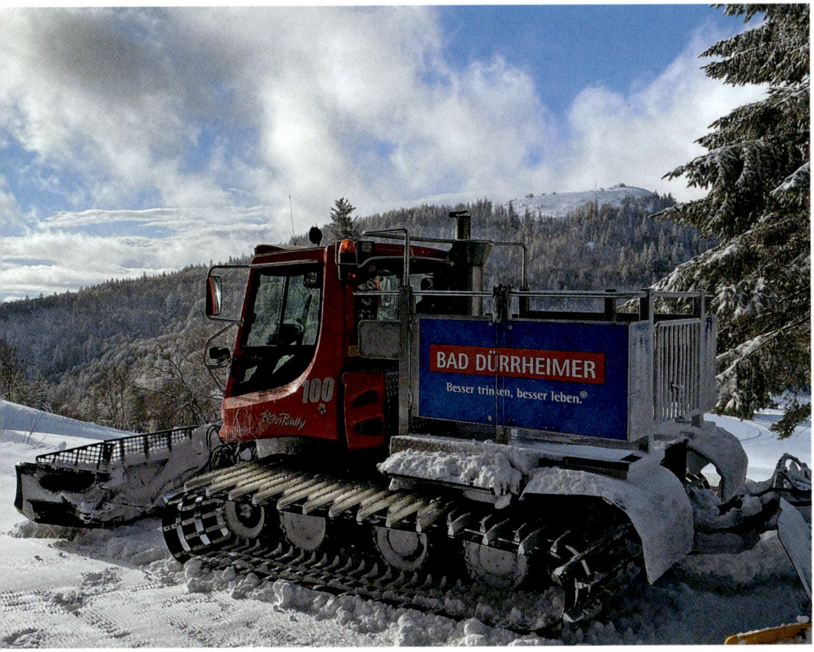
BAD DÜRRHEIMER
Besser trinken, besser leben.®
100

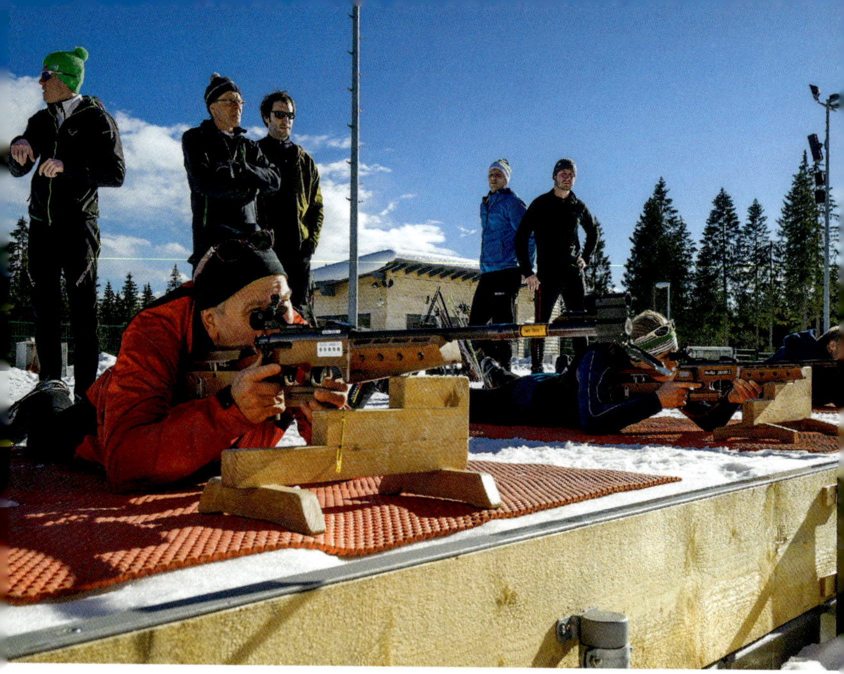

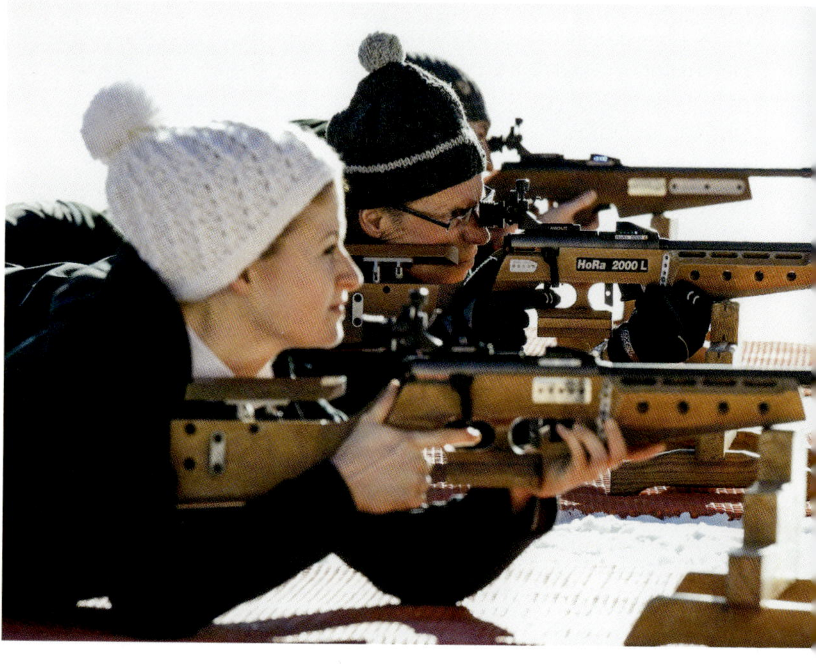
HoRa 2000 L

BIATHLON-SCHNUPPER-KURS AM NOTSCHREI

Klack! Die Scheibe kippt, das Stadion raunt, der letzte Schuss, daneben. Nachladen, wieder daneben. Ab in die Strafrunde. Biathlon. So oft im Fernsehen gesehen, so oft mitgefiebert. Aber selbst probiert? Am Notschrei ist das kein Problem, auch nicht für absolute Fernsehbiathleten.

Im Wintersportprogramm ist Biathlon der Quotenhit. Millionen laufen und schießen mit in Hochfilzen, Obertillach oder Pokljuka. Allen voran die Deutschen. In kaum einem anderen Land ist Biathlon so hip wie hier. Wer will, der kann das im Schwarzwald auch selbst einmal ausprobieren, am Notschrei werden Schnupperkurse angeboten.

An einem sonnigen Winterwochenende ist am Notschrei viel los, bis zu 6000 Wintersportfans finden an einem Samstag den Weg hierher. Am weitläufigen Nordic Center können Sie in einem Biathlonkurs die Grundlagen erlernen. Zweieinhalb Stunden dauert das Schnuppererlebnis, die Ausrüstung ist vor Ort ausleihbar. Einzige Voraussetzung: Erste Schritte auf Langlaufskiern sollten Sie bereits hinter sich haben. Blutigen Anfängern auf den Brettern wird zunächst ein Einsteigerkurs in der klassischen oder Skating-Technik empfohlen.

> Nach dem Schnupperkurs bietet sich das Bergstüble zur gemütlichen Einkehr an. Mit diversen Gerichten, zubereitet aus regionalen Produkten, sorgt es für das leibliche Wohl der Sportler.

Die Gewehre sind dieselben, wie sie die Profis benutzen, geschossen wird stehend und liegend auf 50 Meter. Da ist Ruhe und Konzentration gefragt, Ausdauer und Explosivität dagegen auf der Laufstrecke. Das macht Biathlon zu einer solch spannenden Sportart, denn nur wer beides zu kombinieren weiß, wird schließlich erfolgreich sein.

Kurse können Sie sommers wie winters buchen, ohne Schnee wird auf Skiroller oder Mountainbikes ausgewichen. Ab vier teilnehmenden Personen finden die Schnupperkurse statt. Die Trainer sind hochqualifiziert, schließlich trainieren am Notschrei auch die Kaderathleten und der nationale Nachwuchs.

Biathlon Schnupperkurse im Schwarzwald Nordic Center Notschrei · Sa, So 12.30 Uhr, Gruppen individuell · Passhöhe 6 · 79674 Todtnau · www.nordic-schule-notschrei.de
Haltestelle: Kirchzarten Bahnhof, RB, dann Bus 7215 bis Nordic-Schule Notschrei

87 AUF TOUR MIT DEM FELDBERG-RANGER

Der Mann ist ein Unikum mit einem mitreißenden Sinn für Humor: Achim Laber, Feldberg-Ranger. DER Feldberg-Ranger. Denn er gilt als kreativster Kopf im Team der Naturschutzwärter am Feldberg. Mit ihm macht Natur gleich doppelt Spaß.

Live und in natura ist Naturfreund Laber fast noch unterhaltsamer als in den witzigen Filmchen, die er für den »HosentaschenRanger« gedreht hat, eine Wander-App für den Feldberg, der »Ranger to go«, der unter dem Motto »Lachkrämpfe statt Wadenkrämpfe« mit allen möglichen Infos zu Flora, Fauna und Geschichte des Naturschutzgebiets aufwartet. Die App führt Sie den Feldbergsteig entlang, an zwölf Wegpunkten der Route kommt Achim Laber zum Einsatz, der Sie mit Wissenswertem und Kuriosem versorgt.

Doch so amüsant die Videobotschaften auch sind, nichts kommt an das Erlebnis »Feldberg-Ranger live« heran. Das nämlich ist wahrhaft großes Kino. Achim Laber führt hauptsächlich Schulklassen auf den höchsten Berg des Schwarzwalds und erklärt ihnen die Besonderheiten dieses Naturschutzgebiets. Er zeigt ihnen den zentimeterlangen badischen Riesenregenwurm (iiihhhgiiiittt, eklig) oder den Schweizer Löwenzahn (ohhhh, wie hübsch). Der Feldbergsteig ist zwölf Kilometer lang und einer der schönsten Rundwanderwege Deutschlands. Neben spannenden Kleinigkeiten bietet er auch eine grandiose Aussicht an guten Tagen. Natur, so weit das Auge reicht. Der Ranger weiß natürlich auch, wie es an den anderen Tagen ist. Hier oben kann es im Winter arktisch kalt werden, zweistellige Minusgrade sind keine Seltenheit, und Herbststürme werden auf dem Feldberg nicht selten zum Orkan. Hier ist der höchste Punkt, hier schützt nichts.

Labers Wirkstätte, das Haus der Natur am Feldberg, ist ebenfalls einen Besuch wert. Es beherbergt das Naturschutzzentrum Südschwarzwald und bietet eine Multimedia-Ausstellung mit interaktiven Elementen, darunter der preisgekrönte »Talking Ranger«, der Naturschutzthemen humorvoll vermittelt.

HosentaschenRanger · kostenlose App für Android und iPhone unter www.hochschwarzwald.de/service/apps · Haus der Natur · Dr.-Pilet-Spur 4 · 79868 Feldberg · www.naz-feldberg.de, www.hochschwarzwald.de · Haltestelle: Haus der Natur, Bus 9007 und 7300 ab Bärental Bahnhof

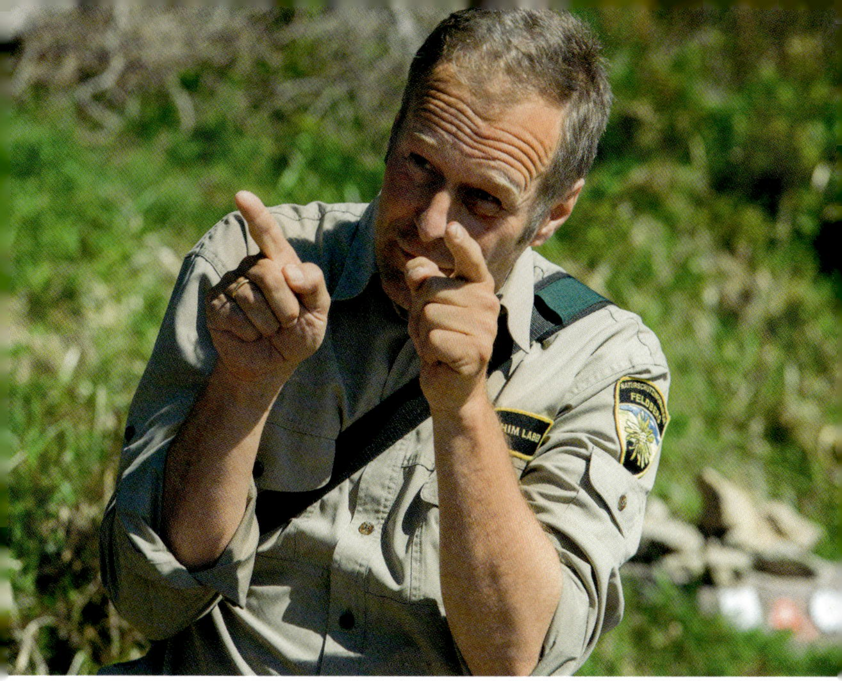

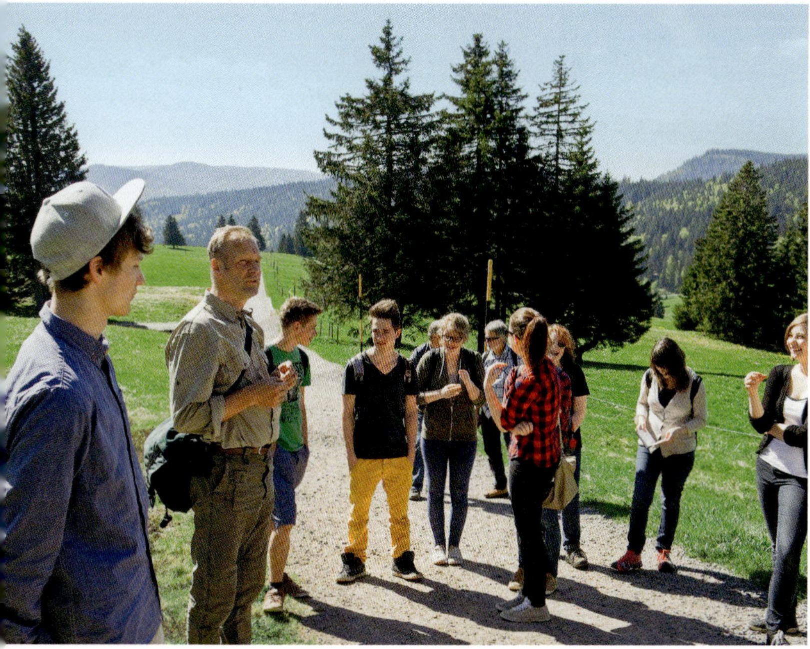

88 RODELN AM SKILIFT SCHWÄRZENBACH

Schlittenspaß hängt natürlich immer an einer entscheidenden Sache: Hat es Schnee? Wenn ja, dann ist die Panoramarodelbahn am Skilift Schwärzenbach die beste Wahl. Der Rodelhang mit atemberaubendem Ausblick liegt nur einen Schneeballwurf vom Skilift entfernt. Perfekt geeignet für Familien, die Ski fahren und rodeln wollen.

Rund 500 Meter sind es bis zum Ende des Rodelhangs, der, wenn Sie absoluter Anfänger sind, einen Hauch zu anspruchsvoll ist, aber nicht zu den ausgesprochen schwierigen Hängen für Rodelbegeisterte im Schwarzwald gehört. Das Gasthaus Ahorn und das Café Feldbergblick bieten Ihnen Wärme, falls Ihre Füße irgendwann mal nass und die Nasen kalt sind.

Im sieben Kilometer entfernten Oberschollach stand beim Schneckenhof einst der erste Skilift der Welt. Heute ist nichts mehr davon übrig, aber damals war er das deutlich sichtbare Zeichen Schwärzwälder Erfindungsgeistes. Robert Winterhalder nutzte die Wasserkraft seiner Mühle für den Antrieb. Das alte Mühlhaus steht heute noch, und auch die Nachkommen von Robert Winterhalter leben noch im Schneckenhof. Dort wurden einst Kurgäste verwöhnt. Ihnen hatte man Rodeln empfohlen, ein Sport, von dem man glaubte, dass er bei Blutarmut helfen könne. Nur der Aufstieg war für die geschwächten Gäste zu beschwerlich, deshalb die Idee von Robert Winterhalder mit dem Lift: »Un dann ziehe mir die Gäscht do nuff.« Und genau das haben die Winterhalders mit ihrer Erfindung viele Jahre lang getan. Der erste Skilift der Welt wurde am 14. Februar 1908 eröffnet und hatte den sperrigen Namen »kontinuierliche Drahtseilbahn mit Anhängevorrichtung für Rodler und Skiläufer«. Das Seil war 280 Meter lang und überwand 32 Höhenmeter. Von hier aus trat der Skilift seinen Siegeszug in die ganze Welt an. Es dürften Hunderttausende auf der ganzen Welt sein, die schneehungrige Skifahrer und Snowboarder auf Pisten, Gletscher oder Abfahrten ziehen. Ob das Rodeln aber tatsächlich die Blutarmut der Kurgäste kurierte, ist nicht überliefert.

Skilift Schwärzenbach · Mo–Fr 13–17, Sa, So 10–17 Uhr · Schwärzenbach 7
79822 Titisee-Neustadt · Tel. 0 76 57/10 32 · www.schwaerzenbach.de
ab Titisee-Neustadt Bus 7262 bis Titisee-Neustadt Sternenhütte, dann zu Fuß 25 Minuten

89 HÖLLISCH KURVIG: TOR ZUM SCHWARZWALD

Das Höllental hat es in vielerlei Hinsicht in sich. Während sich die Bundesstraße 31 zwischen Freiburg und Hinterzarten durch das schluchtartige Tal windet, können sich Auto-, Wohnmobil- und Motorradfahrer kaum auf den Verkehr konzentrieren, so sehr nimmt der kurvige und an vielen Stellen ungewöhnliche Straßenverlauf durch eine unglaubliche Landschaft gefangen. Und dabei braucht man eigentlich die volle Aufmerksamkeit – denn wie oft sonst passieren Sie eine spektakuläre 360-Grad-Kurve? Nicht so oft, oder? Die Kreuzfelskurve ist das Highlight des Höllentals. Sie befindet sich oberhalb der Ravennaschlucht und ist nicht ganz ungefährlich. Von oben betrachtet erinnert sie tatsächlich an eine Haarnadel.

Höllental · zwischen Hinterzarten und Buchenbach-Himmelreich

90 MÄRCHENGARTEN SIMONSWALD

Haben Sie Lust auf Retro? Was in den Fünfzigern des letzten Jahrhunderts schick war, hat für die Generation Smartphone viel an Charme eingebüßt, nicht aber für die, die gerne Zeitreisen unternehmen. Und was sind Märchen anderes als Zeitreisen. Ein kleines Märchendorf, in dem Hänsel und Gretel der Hexe entfliehen wollen. Der Froschkönig müsste auch irgendwo stecken. Alles in Mini, wie es in den Fünfzigerjahren en vogue war. Miniaturbauten gibt es einige im Schwarzwald, wo vor allem in den langen und einsamen Wintermonaten gebastelt und gewerkt wurde. Das Café Märchengarten hat ein solches Retroflair, und Torten und Kuchen nach alten Familienrezepten suchen hier ihresgleichen. Nach Kaffee und Kuchen können Sie dann draußen das Märchenland erkunden, aber nur wenn Sie Gäste des Cafés sind.

Cafe Märchengarten · Mo 12–20 Uhr, Di–So 9–20 Uhr · An der Niederbruck 18 · 79263 Simonswald
Tel. 0 76 83/2 52 · www.cafe-maerchengarten.de · Haltestelle: Adler Simonswald
Bus 7272 ab Waldkirch

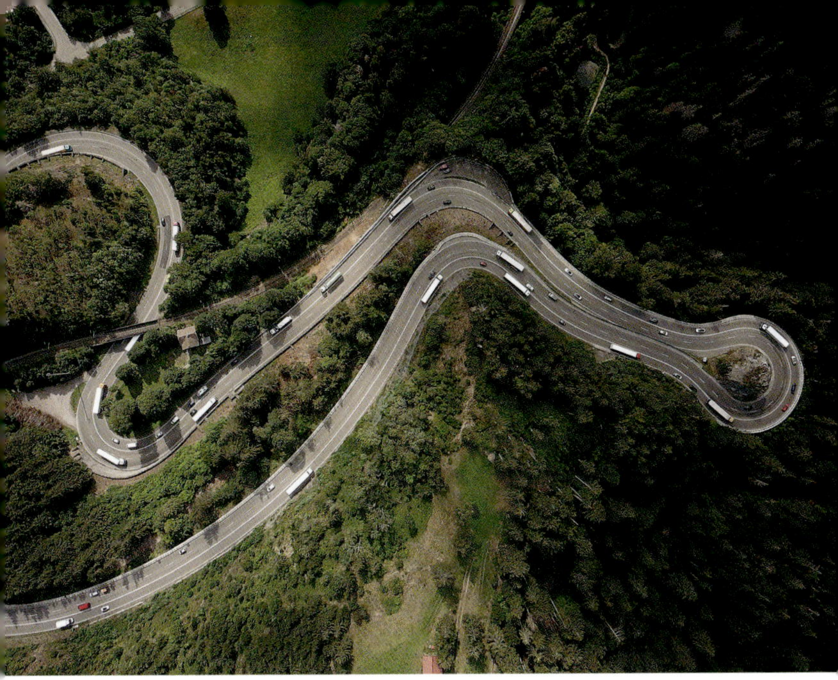

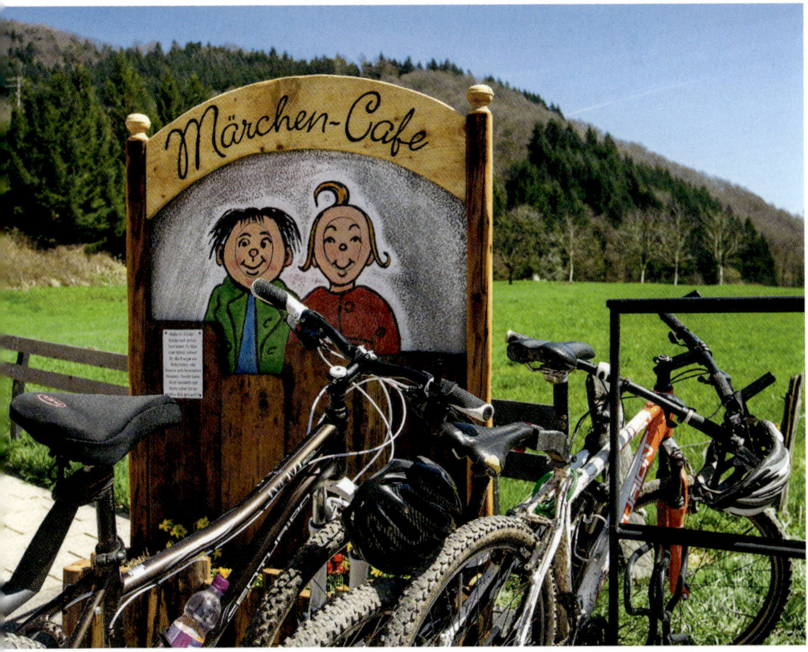
Märchen-Cafe

SIMONSWÄLDER MÜHLENWANDERWEG

91

Sie können in drei Stunden vielerlei Dinge tun, aber nur wenige sind so geeignet für die ganze Familie wie der Mühlenwanderweg in Simonswald. Der Rundweg ist neun Kilometer lang und führt durch eine der schönsten Ecken im Schwarzwald. Die Mühlen sind prächtig restaurierte Zeugnisse eines längst vergangenen Lebens.

Weil auf dem Mühlenwanderweg keine besonders großen Höhenunterschiede (nur 300 m) zu überwinden sind, ist er auch für Nicht- oder Wenigwanderer und Kinder leicht zu bewältigen. Die Strecke ist von Januar bis Dezember begehbar und hat je nach Jahreszeit ihren ganz besonderen Reiz. Im Vordergrund stehen natürlich die herrlich idyllischen Schwarzwald-Mühlen, sechs Stück sind es insgesamt entlang der Wilden Gutach. Mehr Romantik geht nicht. Mehr Mühle auch nicht. Und dazu sind es noch ganz unterschiedliche Mühlen, die Sie hier bestaunen können.

Parken Sie Ihr Auto in Simonswald auf dem Festplatz vor der über 200 Jahre alten Kronen-Mühle und bestaunen Sie gleich zu Beginn die erste Mühle, das macht Lust auf mehr, besonders bei den kleinen Wanderfreunden, die am Spielplatz Grasmücke einen kurzen Spielstopp einlegen können. Die Kronen-Mühle wurde nach dem Gasthaus Krone-Post benannt, dessen Besitzer die Mühle restaurieren ließ, nachdem sie einige Jahre als Stall genutzt worden war und ziemlich gelitten hatte. Das Wasser läuft durch Eigengefälle vom Ettersbach durch die Mühle; es »klappert«, wie besungen, am rauschenden Bach. Die Schwanenmühle holt die Kraft aus dem Haslachbach, die Wehrlehof-Mühle vom Dobelbächle. Die Schlossmühle ist eine der ältesten im Tal, sie stammt aus dem Jahr 1678, die Kundenmühle war gleichzeitig auch Kneipe, denn hier durfte Wein ausgeschenkt werden. Sie wurde 2004 am Festplatz wieder aufgebaut. Auch die alte Ölmühle produziert heute wieder leckeres Nussöl. Gerade für Kinder ist es spannend zu sehen, was es alles braucht, damit das Öl in die Flasche kommt. Eine ganze Mühle nämlich. Auf Wunsch kann man in der Schlossmühle auch urig vespern.

Touristinformation Simonswäldertal · Am Sägplatz 1 · 79263 Simonswald · Tel. 0 76 83/1 94 33
www.simonswald.de · Haltestelle: Talstraße, Bus 7272 ab Waldkirch

HORNSCHLITTENGAUDI
IN ST. MÄRGEN

92

Hornschlitten sind schwere, hölzerne Gefährte mit weit nach oben fortlaufenden, gebogenen Kufen, die wie Hörner am Kopf des Schlittens aussehen. Ein Hornschlitten muss gänzlich aus Holz bestehen und wird auch heute noch in Handarbeit gefertigt. Viele gibt es allerdings nicht mehr, die das noch können.

Früher war der Hornschlitten ein reines Arbeitsgerät. Heute können Sie mit einem solchen Gefährt so richtig Spaß haben. Zum Beispiel in St. Märgen, wo sich jedes Jahr, wenn der Winter genügend Schnee hergibt, das Who's who des Hornschlittensports die Klinke in die Hand gibt. Oder die Kufe in diesem speziellen Fall.

Beim Hornschlittenrennen rasen die Rennfahrer auf einer steilen, manchmal unangenehm eisigen Abfahrt dem Tal entgegen. Zwei Mann versuchen, sich jeweils auf den wuchtigen Holzgefährten zu halten und möglichst schnell ins Ziel zu rauschen, die Wagemutigsten bis zu 80 Stundenkilometer schnell. Und das auf einem Gefährt, bei dem das Steuern, vorsichtig formuliert, schwierig ist.

> Besuchen Sie auch die Kirche Mariä Himmelfahrt, Ziel der ältesten Wallfahrt in der Erzdiözese Freiburg. Gruseliges Highlight ist ein mit Brokat überzogenes Skelett des heiligen Constantius.

Wettbewerbe gibt es, wo es Berge gibt: in Italien, der Schweiz, Deutschland und Österreich. Vielerorts sind Rennen mit bestimmten Festen oder Feiertagen verbunden, wie Neujahr, Dreikönige oder Fastnacht. Jeder Schlitten hofft natürlich, weit nach vorne bei der Siegerehrung zu kommen, doch die Hornschlitten der Konkurrenz sind oft nur sehr schwer zu schlagen.

Hornschlitten waren zum Transport von Holz im Winter gedacht. Das Brennholz, das man im Herbst in den Bergen geschlagen und gelagert hatte, wurde damit im Schnee leicht nach unten ins Tal transportiert.

In St. Märgen wird das Hornschlittenrennen in großem Stil ausgetragen. Den Termin erfahren Sie auf der Seite des Veranstalters, er kann sich je nach Schneelage im Schwarzwald ändern.

Hornschlittenrennen St. Märgen · Austragung je nach Schneelage · Bei den Sportplätzen Sportplatz 5 · 79274 Sankt Märgen · www.hornissen-stm.de · Haltestelle: Thurner, Bus 7216

93 REITERGLÜCK IM PARK ZU FÜRSTENBERG

In den Fürstlichen Fürstenbergischen Parkanlagen zu Donaueschingen sind einmal im Jahr die Pferde los. Vier Tage lang wird gesprungen, durch Wassergräben gefahren und der Zylinder gezogen. Vom Dressurviereck klingt klassische Musik herüber. Vorne schnaubt ein Wallach am Abreiteplatz. Auf der Haupttribüne können Sie sich an einem Tag viele Wettbewerbe ansehen und in den Pausen an den Marktständen Handschuhe, Sättel und Reiterstiefel kaufen. Am Poloplatz würde es nicht überraschen, wenn Prinzessin Anne auftauchte. Oder ihre Tochter Zara, die Lieblingsenkelin der Queen.

Fürstlich Fürstenbergisches Schlossmuseum · der CHI Donaueschingen findet alljährlich im Herbst in der Parkanlage des Schlosses statt · 78166 Donaueschingen
www.fuerstenberg-kultur.de, www.haus-fuerstenberg.de, www.chi-donaueschingen.de
Haltestelle: Donaueschingen, Schwarzwaldbahn, Höllentalbahn, Donautalbahn

94 SÜSSE UMGEBUNG, SALZIGER SEE

Idylle, unberührte Natur, romantischer Sonnenuntergang und dazu noch eine geschichtliche Bedeutung – klingt vielversprechend? Ist es auch! Der Salinensee in Bad Dürrheim wurde 1838 künstlich angelegt und diente früher der Bad Dürrheimer Saline, dann als Löschwasserreservoir und schließlich sogar als Strandbad. Heute ist das beschauliche Gewässer am nordöstlichen Stadtrand, das durch die Aufstauung des Stadtbaches Stille Musel entstanden ist, ein beliebtes Naherholungsgebiet der Kurstadt, an deren Salinen-Vergangenheit außerdem noch die fotogenen Bohrtürme erinnern.

Ein kurzer Spaziergang führt einmal um den See herum, das ist besonders schön zum Sonnenuntergang. Auf zahlreichen Bänken können Sie die Atmosphäre des Ortes genießen und die Seele baumeln lassen. Das Restaurant des Hotels Salinensee liegt direkt am Seeufer und lädt zur Einkehr ein. Auf einer Seebühne finden unter anderem Theateraufführungen statt.

Salinensee · Am Salinensee · 78073 Bad Dürrheim

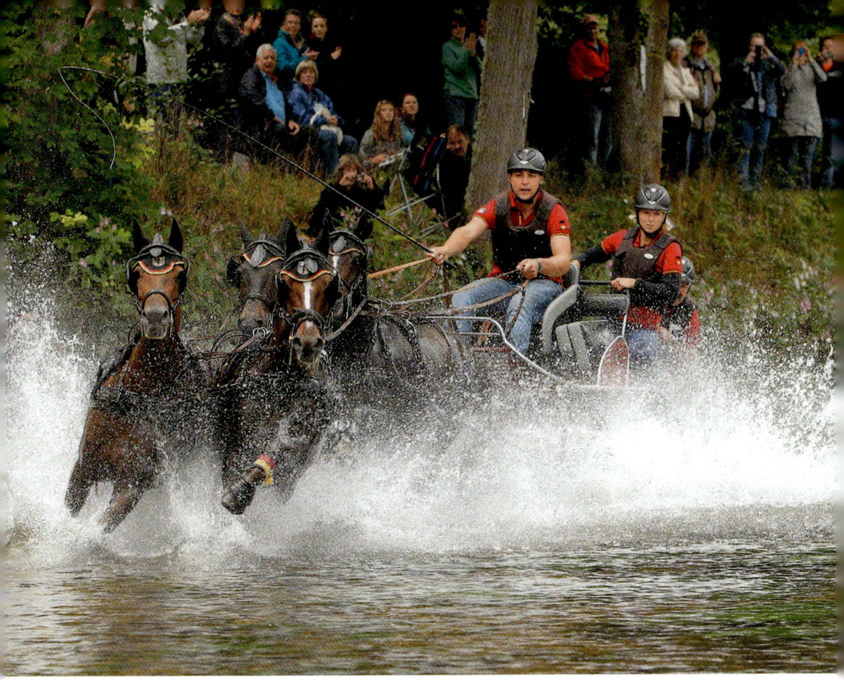

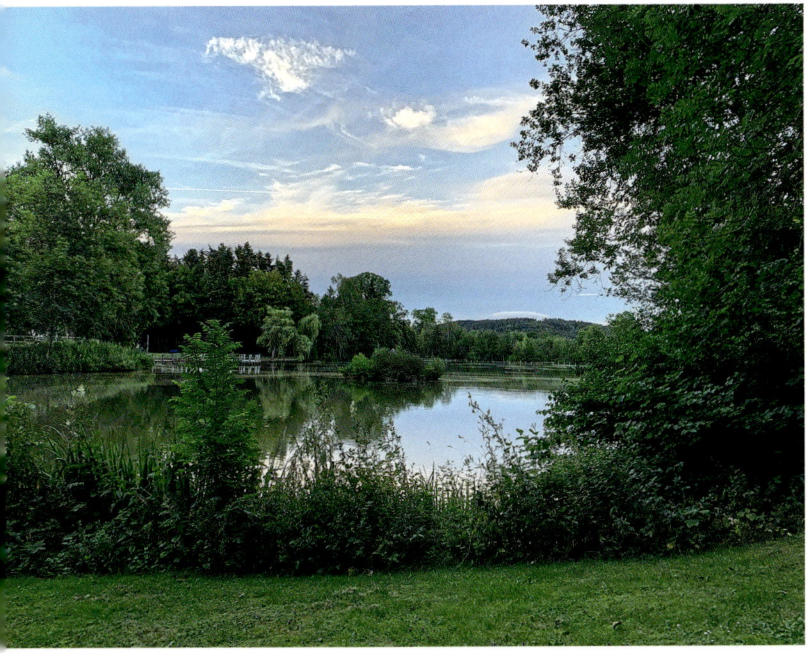

95 HEXEN, HEMDGLUNKER UND HÄSTRÄGER

Die schwäbisch-alemannische Fastnacht treibt vom »schmutzige Dunschdig« – schmutziger Donnerstag – bis zum Aschermittwoch ihr Unwesen im Schwarzwald, allein im Kinzigtal finden weit über hundert Straßenumzüge statt, dazu schon Wochen zuvor das sogenannte Schnurren und andere Fastnachtsveranstaltungen.

Fastnacht wird überall im Schwarzwald gefeiert, aber jede Gemeinde hat eine ganz eigene Art, die närrischen Tage traditionsbewusst und doch auch modern zu zelebrieren. In Schramberg wird am Fastnachtsmontag »Da Bach na gfahre«. In bunten und fantasievoll dekorierten Zubern geht es auf dem Kanal entlang. Und natürlich kippt das ein oder andere Gefährt unter riesigem Gejohle der Zuschauer in die eisige Schiltach.

Ein echtes Highlight ist der »Hemdglunkerle«-Umzug in Haslach. Unter lauten Kanonenschlägen beginnt er am frühen Morgen des schmutzigen Donnerstags – der laute Weckruf für eine Woche Ausnahmezustand. Und wie frisch aus dem Bett sind alle Haslacher als »Hemdglunker« (also im Nachthemd) unterwegs. Ebenfalls am »schmutzge Dunschdig« und am Faschingsdienstag rufen die Oberwolfacher zum »Wolfstrieb«, närrisch Brot gebacken wird auch, und am Fastnachtssonntag sollten Sie auf keinen Fall den großen Umzug verpassen. Mit vielen traditionellen Larven und lustigen Neuschöpfungen ist ausgelassene Stimmung garantiert. Die Narrenzunft Wolfach feierte 2015 mit großem Stolz ihr 200-jähriges Bestehen.

Viel weiter zurück reicht die Narrentradition in Gengenbach, wo Fastnachtsfiguren wie der Schalk, der »Spättlehansel«, die »Klepperlesbube« und der Lumpenhund ihr Unwesen treiben. Seit 1286 wird in dem malerischen Städtchen farbenfroh der Winter ausgetrieben. Und laut natürlich auch, denn auch in Gengenbach darf die Guggenmusik nicht fehlen.

Schon im Januar nimmt die Fastnacht Fahrt auf. »Schnurre und schnaige« ist nicht nur im Kinzigtal eine wichtige Wochenendbeschäftigung vor der eigentlichen Fastnachtswoche. Die fünfte Jahreszeit ist Gesetz, und man braucht vor allem eins: Durchhaltevermögen.

Fastnacht im Kinzigtal · www.kinzigtal.com

96 MIT DEM RAD RUND UM EMMENDINGEN

Michael Rich war in seiner aktiven Zeit ein erfolgreicher Radrennfahrer, gewann unter anderem olympisches Gold in Barcelona mit dem Mannschaftsvierer über 100 Kilometer auf der Straße. Der Mann mit der unglaublichen Trittkraft ist Emmendinger durch und durch, hier hat er Zehntausende Kilometer runtergespult.

Es ist ihm nie langweilig geworden auf den Strecken rund um Emmendingen. Das Terrain ist ideal für Radfahrer aller Couleur, flache Abschnitte wechseln mit sanften Hügeln und bissigen Anstiegen, die fordern. Rund um Emmendingen ist für jeden etwas dabei. Auch für jene, die weniger um des Trainings willen unterwegs sind als vielmehr, um die Schönheiten der Region zu genießen. So gibt es allein vier Burgen in der Gegend, die allesamt ein

spannendes Sightseeing-Ziel sind. Die Hochburg Emmendingen ist eine der imposantesten Ruinen Süddeutschlands. Sie trutzt auf einem felsigen Ausläufer des Hachbergs. Weitere Highlights der Gegend sind die Burg Landeck oberhalb von Mundingen und in Kenzingen die Burg Lichteneck, 1675 von General Vauban zerstört. Die vierte Burgruine steht bei Waldkirch, die Kastelburg. Ob Sie die Burgen gezielt anfahren oder spontan in die Pedale treten, rund um Emmendingen ist alles möglich. Darum hat auch die Regio-Tour regelmäßig in Emmendingen Etappen ausgetragen.

Sie können Emmendingen auch problemlos mit der Bahn erreichen und direkt am Bahnhof starten. Wenn Sie sich grob Richtung Norden halten, machen Sie alles richtig, südlich beginnt schnell das Freiburger Industrieland.

Michael Rich ist auf der ganzen Welt Rad gefahren. Eines aber weiß er genau: Rund um sein Emmendingen lässt es sich am besten Rad fahren, ob flach entlang der schier endlosen Maisfelder oder steil die Weinberge hinauf. Wer keine Lust auf Radfahren hat, der kann den Vierburgenweg zu Fuß gehen. Das Wegsymbol, ein kleiner grüner Kreis, dient dem Wanderer auf den 31 Kilometern als Orientierung. Start ist in Kenzingen oder in Waldkirch.

Vierburgenweg · www.breisgau-burgen.de · Radfahren · www.emmendingen.de

TEXANER AUF DEM TEXASPASS

Er findet sich auf keiner Karte, der Texaspass, ein malerisch gelegener Bergpass hinter Oberbergen, der vor allem bei Radfahrern besonders beliebt ist. Nur die wenigsten aber wissen, dass der kurvenreiche Anstieg in der Karriere des wohl berühmtesten Radfahrers der Geschichte eine wichtige Rolle gespielt hat.

Im Volksmund heißt er Texaspass, was aber nichts mit dem Texaner Lance Armstrong zu tun hat. Der Texaspass heißt so, weil es im Sommer dort unfassbar heiß werden kann. Er liegt an der K 4922 zwischen Oberbergen und Kiechlinsbergen, die Strecke ist schön, aber hart für Radfahrer. Vor allem, wenn die Luft flirrt, der Staub den Asphalt bedeckt und man weder über einen vorüberrollenden »Tumbleweed« noch über eine Horde mexikanischer Reiter überrascht wäre – mit halbem Ohr erwartet man den Angriff lautstarker Indianer. Aber vielleicht liegt das auch nur an der Anstrengung.

> Der nächste »Saloon«
> ist nicht weit entfernt.
> Die Hexenstraße in Oberrot-
> weil ist es wert, dem Stahl-
> ross eine Pause zu gönnen.
> Die Rote Hexe, ein Rotwein-
> Cuvée, ist köstlich.

Der Texaspass ist High Noon auf zwei Rädern – nur der Radfahrer und der Berg. Und weit und breit kein Sheriff, nur Weinberge und der Anstieg. Als die Regio-Tour in ihren großen Jahren regelmäßig hier die Königsetappe ausfuhr, da mussten die Teilnehmer der Rundfahrt bis zu neunmal den Pass hinauf. Manchmal bei weit über 30 °C. Die Steigung ist mörderisch, an den steilsten Stellen elf Prozent und der Anstieg ein langer Kampf gegen den Krampf. Der Texaspass (385 m) ist so etwas wie die Alpe d'Huez (1860 m) des Kaiserstuhls, und ja, auch Lance Armstrong ist hier gefahren, im Jahr unmittelbar nach seiner Krebserkrankung, als er diesen unfassbaren Ehrgeiz entwickelte und sich verbissen auf die Tour de France vorbereitete. Er sollte das größte Radrennen der Welt siebenmal gewinnen und Jahre später als Dopingsünder überführt werden. Hier am Texaspass hat Armstrong die ersten Schritte zurück in den Leistungssport gemacht. Die Etappe hat der Amerikaner natürlich gewonnen, der ehrgeizige Texaner auf dem Texaspass.

Texaspass · an der K 4922 und K 5127 · Bus 295 hält in Oberbergen Badbergstraße

98 DAS KLEINSTE WEINGUT IM KAISERSTUHL

Wenn man von einer guten Lage spricht, dann wissen Weinkenner sofort Bescheid. Experten murmeln den Namen gerne leise vor sich hin, während sie, einen Tropfen schlotzend, degustieren. Die Lage Kirchberg am Kaiserstuhl ist herausragend, darin sind sich die Kenner einig.

Oberrotweil ist eine der besten Lagen des Kaiserstuhls, sagt die Bibel der Weinkenner, der Gault-Millau. Auf der Gemarkung Schelingen bauen zwei Winzer an, das Weingut Vogel und das Weingut Gregor und Thomas Schätzle. Der Kirchberg, das »Filetstück« der Schelinger Weinberge, ist ertragreich und bietet auf den fruchtbaren Vulkanterrassen vielen Pflanzen und Tieren wertvollen Lebensraum. Orchideen gedeihen hier, seltene Vögel und Eidechsen bevölkern die Steinwände. Der Artenreichtum ist enorm, und der Wein zeugt in seiner Qualität von der Liebe zur Natur seiner Winzer. Nicht zuletzt deshalb zählt dieser Weinberg zu den wertigsten in Europa.

»Wir sind keine Weinmacher, sondern Naturassistenten«, sagen die Schätzles von sich, und das spürt man. Eine Wanderung durch die Weinberge ist vor allem, wenn es Richtung Herbst geht, sehr empfehlenswert. Im Rostbraun der Reben glänzen die vollen Trauben in der warmen Sonne. Es duftet nach Erde und Reife. Damit Sie unterwegs nicht Hunger und Durst leiden müssen, bietet Ihnen das Weingut Schätzle einen Genuss-Rucksack an, mit dem Sie losziehen können, um die Grand-Cru-Lage zu erkunden. In Ihrem Rucksack finden Sie drei verschiedene Weine und ein Picknick, inklusive Weingläser, Korkenzieher, Teller, Besteck und Wanderflyer – Weinwandern mit Genussgarantie. Drei Rastplätze, die hier Genussplätze heißen, laden zum Schauen, Trinken und eben zum Genießen ein, Informationstafeln vermitteln Wissenswertes. Die Strecke ist 3,3 Kilometer lang und überwindet dabei 130 Höhenmeter. Das schaffen auch Ungeübte problemlos, schließlich wird, wenn Sie alles richtig machen, der Rucksack von Genussstopp zu Genussstopp immer leichter. Wer mit dem Auto anreist, der kann eine Ortswein-Kollektion mitnehmen.

Weingut Schätzle · Mo–Fr 8–12, 13.30–18, Sa 9–16 Uhr · Heinrich-Kling-Straße 38
79235 Vogtsburg im Kaiserstuhl · Tel. 0 76 62/9 46 10 · www.weingutschaetzle.de
Haltestelle: Oberbergen, Bus 29

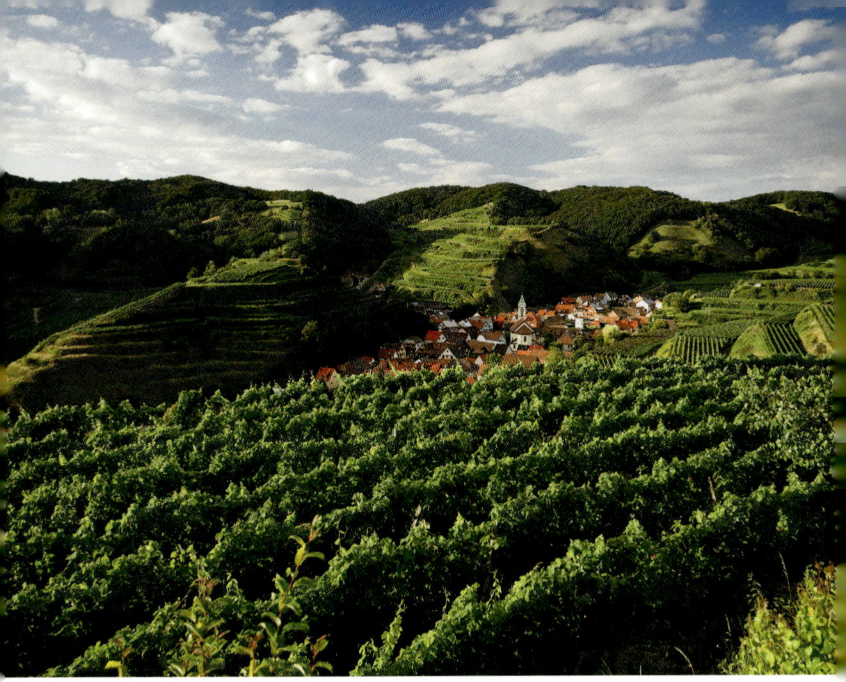

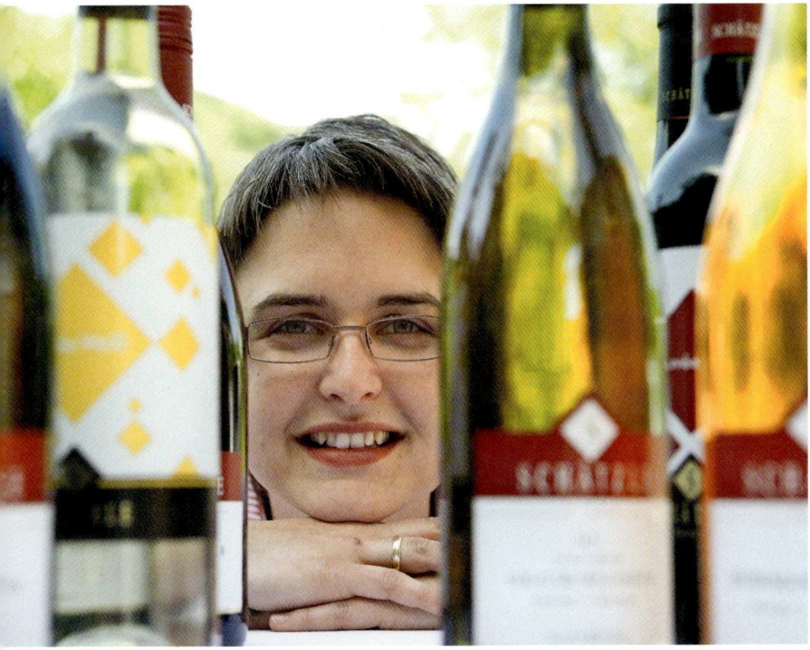

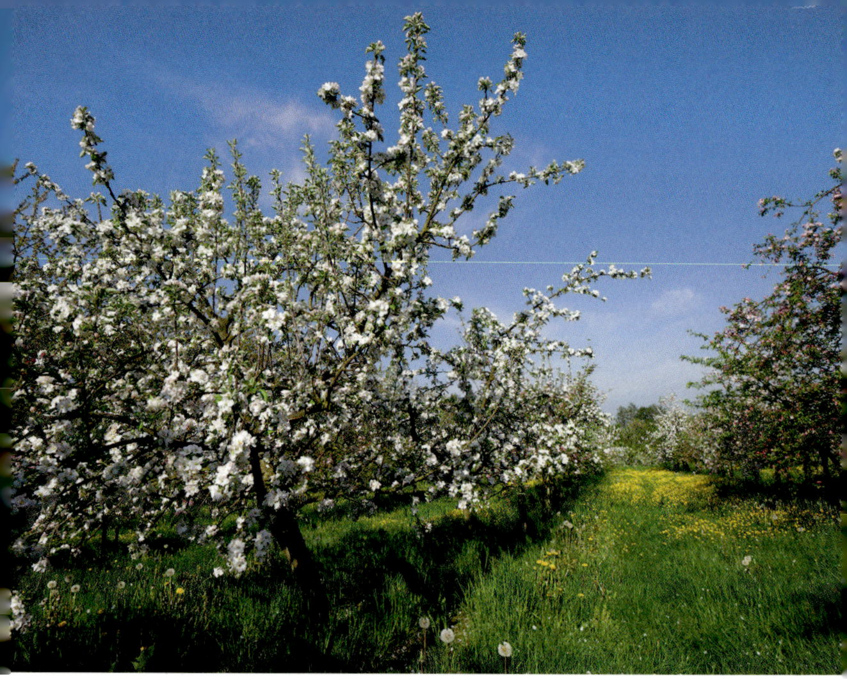

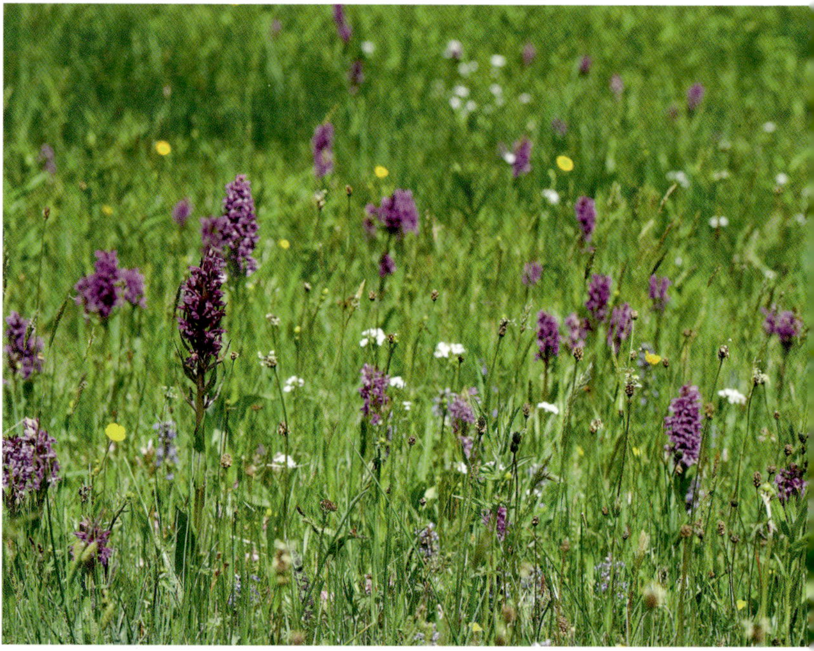

ORCHIDEEN SUCHEN IM SUNDHEIMER GRUND

Spaziergang klingt nach Sonntagnachmittag und frustrierten Teenagern. Geht auch anders, als Entdeckungstour zum Beispiel. Begeben Sie sich raus aus dem Haus, rein ins Auto und fahren Sie ab gen Norden, um in der Ortenau ursprüngliche Streuwiesen und Orchideen zu suchen. Sie müssen es ja nicht unbedingt Spaziergang nennen.

Mädesüß, Tausendgüldenkraut und Prachtnelken sind leicht zu entdecken, sie kommen im Natur- und Landschaftsschutzgebiet Sundheimer Grund inzwischen häufig vor. Seit 1996 ist hier ein Biotop entstanden, das wieder zur wilden und ursprünglichen Natur zurückkehrt. Unweit der Häuschen und Obstwiesen der Kleingärtner herrscht Stille. Nein, es schnattert und plätschert, zirpt und lockt. Der Altwasserarm ist voller Leben, Zwergtaucher, Grünspechte und Schnatterenten, ein Graureiher fliegt unter lautem Protest auf, wenn Sie sich

> Würstchen und Kartoffelsalat mitnehmen und den Grillplatz nutzen. Vorher aber bei der Stadt Kehl anmelden, Anträge einfach über die Homepage stellen.

in die Schilfzone vorwagen. Kehl ist nahe, und doch fühlt man sich fernab jeglicher menschlicher Behausung. Die Natur wird hier belassen, wie sie ist, es sei denn, bestimmte Pflanzen gefährden den Sundheimer Grund. Pappeln und Brombeerbüsche mussten weichen, um die Streuwiesen nicht zu gefährden. Gerade Brombeeren sind hochgradig invasiv und verhindern die Entwicklung sensiblerer Arten. Die Orchideen, die hier wachsen, sind streng geschützt und dürfen nur bewundert, nicht aber mitgenommen werden.

Am besten gehen Sie mit einem Pflanzenbestimmungsbuch in den Sundheimer Grund, die Farben und Formen der wilden Orchideen sind so unterschiedlich, dass Sie entweder Experte sein müssten oder auf Hilfsmittel zurückgreifen sollten. Es gibt in Deutschland ungefähr 60 verschiedene Arten. Sie brauchen vor allem Ruhe und Zeit. Manche blühen erst nach 16 Jahren.

Sundheimer Grund · südlich von Sundheim · Grillplatz buchbar über www.kehl.de/stadt/stadtverwaltung/dienstleistungen/grillplatz.php · Stadt Kehl Liegenschaften Blumenstraße 8 · 77694 Kehl · Tel. 0 78 51/88 31 50 · www.kehl.de · Nutzung nur bis 22 Uhr mit öffentlichen Verkehrsmitteln nicht erreichbar

100 ABENTEUER WOHNEN WORLD OF LIVING

Ein schwedisches Möbelhaus warb vor ein paar Jahren mit dem Slogan »Wohnst du noch oder lebst du schon?« Dabei kann wohnen doch ein richtiges Abenteuer sein. Die World of Living in Linx, einem Stadtteil von Rheinau, wartet mit einigen Überraschungen auf. Eine davon: Fertighäuser sind alles andere als langweilig.

Wie ein unbekanntes Flugobjekt schwebt das Ding zwischen den Wipfeln der Bäume. Holz und Glas dominieren den röhrenförmigen Bau, den man über drei Treppen und eine Terrasse betreten kann. Drinnen viel Holz, viel Aussicht und sehr viel Spaß. Vor allem Kinder wollen hier sofort einziehen.

Das Baumhaus ist nur eines von vielen Ausstellungsstücken auf dem Gelände der Firma Weber. Die Musterhäuser sind alle komplett eingerichtet, vom schwellenfreien Bungalow über das energieeffiziente Passivhaus bis hin zur repräsentativen Luxusvilla. Gerne auch mit Pool. Es ist, als könnte man bei den unterschiedlichsten Menschen in die Wohnung schauen. Ein Streifzug durch die Leben anderer und die Frage: »Wer bin ich, und wie will ich wirklich wohnen?«. Selbst wenn Sie kein Interesse am Kauf eines Fertighauses haben, können Sie sich Tipps und Tricks fürs Bauen und Wohnen abschauen. Hier weiß man über Energiestandards und Haustechnik Bescheid.

Es gibt viel zu sehen auf dem 7500 Quadratmeter großen Gelände samt See und japanischem Garten. Ein weitläufiges Areal, auf dem Sie problemlos zwei, drei Stunden zubringen können. Wenn Sie genug von den Häusern haben, können Sie im »Universum der Zeit« Spaß haben, das Ihnen eine Reise durch die Geschichte des Wohnens der letzten 20 000 Jahre mit Ausblick in die Zukunft bietet. Von der Steinzeit nach Ägypten und Rom und weiter ins Mittelalter. Wie wohnten die Menschen damals? In der World of Living können auch Kindergeburtstage gefeiert werden. Dabei wird ein Schatz gesucht, und Rätsel der Steinzeit müssen gelöst werden. Ein Spaß für kleine Entdecker und Forscher. Denn World of Living ist mehr als nur ein Ausstellungsgelände für Fertighäuser, hier wird Wohnen zum Abenteuer.

World of Living · Erlebnispark Erlenpark · Di–So 10–17 Uhr · Am Erlenpark 1 · 77866 Rheinau Tel. 0 78 53/8 38 00 · www.weberhaus.de, www.worldofliving.de

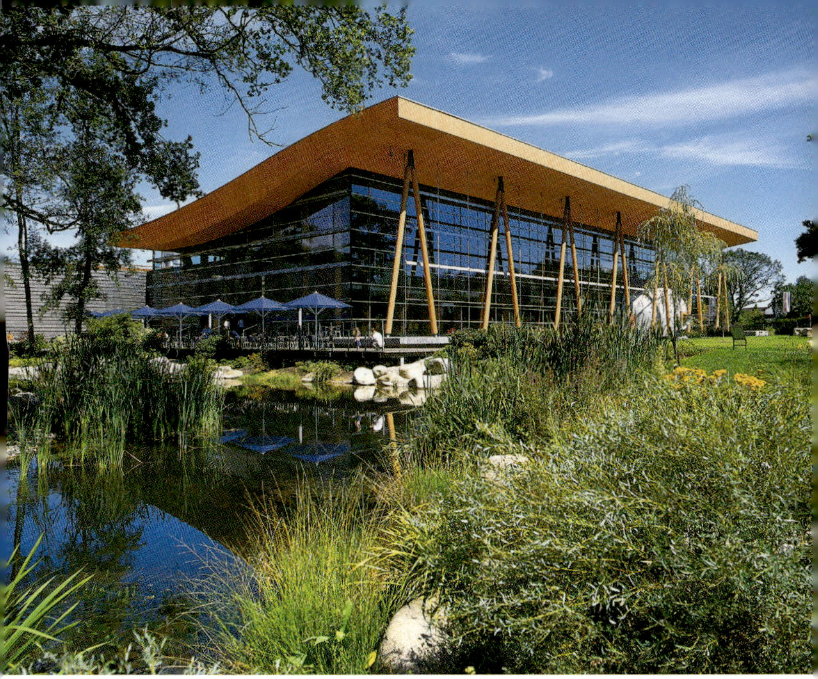

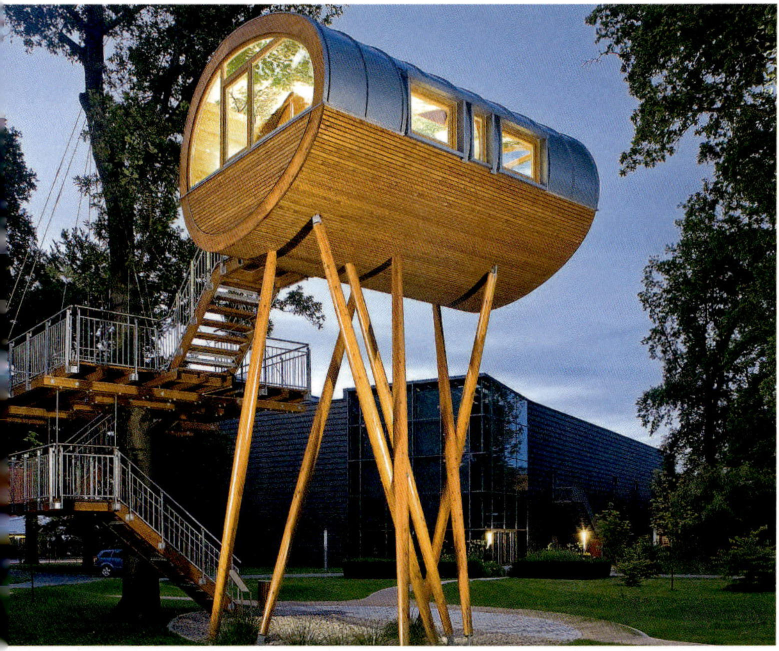

IMPRESSUM

Verantwortlich: Claudia Hohdorf
Redaktion: Beate Martin
Layout: Nina Andritzky
Satz: BUCHFLINK Rüdiger Wagner
Repro: LUDWIG:media

Korrektorat: Rosemarie Elsner
Umschlaggestaltung: Nina Andritzky, Alexander Knoll
Kartografie: Kartographie Huber, Heike Block
Herstellung: Alexander Knoll
Printed in Slovenia by Florjancic

Sind Sie mit diesem Titel zufrieden? Dann würden wir uns über Ihre Weiterempfehlung freuen. Erzählen Sie es im Freundeskreis, berichten Sie Ihrem Buchhändler, oder bewerten Sie bei Onlinekauf. Und wenn Sie Kritik, Korrekturen Aktualisierungen haben, freuen wir uns über Ihre Nachricht an Bruckmann Verlag, Postfach 40 02 09, D-80702 München oder per E-Mail an lektorat@verlagshaus.de.

Unser komplettes Programm finden Sie unter  www.bruckmann.de

Alle Angaben dieses Werkes wurden von den Autoren sorgfältig recherchiert und auf den aktuellen Stand gebracht sowie vom Verlag geprüft. Für die Richtigkeit der Angaben kann jedoch keine Haftung übernommen werden.
In diesem Buch wird aus Gründen der besseren Lesbarkeit das generische Maskulinum verwendet. Weibliche und anderweitige Geschlechteridentitäten werden dabei ausdrücklich mitgemeint, soweit es für die Aussage erforderlich ist.

Textnachweis: Die Texte zu den Tipps 14, 19, 56, 85, 89 und 94 stammen von Marion Landwehr, alle anderen von Nadja Eckerle.

Bildnachweis: Alle Bilder stammen vom Fotografen Daniel Schoenen außer: S. 5: Shutterstock/Santhosh Varghese; S. 20: Hemingway Bar; S. 24 o.: Blumencafé; S. 31 o., 41, 173 o., 179 u.: Marion Landwehr; S. 35: Rebeccas Schuh- und Lederwerkstatt; S. 39: Tourist-Info Todtnauberg; S. 42: Privatbrauerei Waldhaus; 45 o.: Forellenzucht Westermaier; S. 45 u.: Atlantis; S. 49: Läckerli Huus; S. 51: Dorint Thermenhotel Freiburg; S. 59 o.: Keidel Mineral-Thermalbad; S. 71: Hilserhof; S. 78: Vita Classica Therme; S. 103 u.: Freiburger Kinderfilmfestival; S. 111: Museum Hüsli; S. 136 o.: Wikimedia Commons La Choucrouterie-Une salle du restaurant; 136 u.: Wikimedia Commons Roger Siffer-Choucrouterie-Strasbourg; S. 140, 149: TAKEOFF Aviation; S. 152: Kandertalbahn; S. 165: Berggasthof Krunkelbachhütte; S. 179 o.: Fürstlich Fürstenbergisches Schlossmuseum; S. 191: World of Living; Umschlagvorderseite: mauritius images/Walter Bibikow

Die Deutsche Nationalbibliothek verzeichnet diese Publikation in der Deutschen Nationalbibliografie; detaillierte bibliografische Daten sind im Internet über http://dnb.d-nb.de abrufbar.

© 2021 Bruckmann Verlag GmbH, Infanteriestraße 11a, 80797 München

ISBN 978-3-7343-2317-1